Pocket Power

Bert Leyendecker
Patrick Pötters

Shopfloor Management

Führung am Ort des Geschehens

HANSER

Die Wiedergabe von Gebrauchsnamen, Handelsnamen, Warenbezeichnungen usw. in diesem Werk berechtigt auch ohne besondere Kennzeichnung nicht zu der Annahme, dass solche Namen im Sinne der Warenzeichen- und Markenschutzgesetzgebung als frei zu betrachten wären und daher von jedermann benutzt werden dürfen.

Bibliografische Information der Deutschen Nationalbibliothek
Die Deutsche Nationalbibliothek verzeichnet diese Publikation in der Deutschen Nationalbibliografie; detaillierte bibliografische Daten sind im Internet über http://dnb.d-nb.de abrufbar.

Dieses Werk ist urheberrechtlich geschützt.

Alle Rechte, auch die der Übersetzung, des Nachdruckes und der Vervielfältigung des Buches, oder Teilen daraus, vorbehalten. Kein Teil des Werkes darf ohne schriftliche Genehmigung des Verlages in irgendeiner Form (Fotokopie, Mikrofilm oder einem anderen Verfahren), auch nicht für Zwecke der Unterrichtsgestaltung – mit Ausnahme der in den §§ 53, 54 URG genannten Sonderfälle –, reproduziert oder unter Verwendung elektronischer Systeme verarbeitet, vervielfältigt oder verbreitet werden.

© 2018 Carl Hanser Verlag München
www.hanser-fachbuch.de/pp

Lektorat: Lisa Hoffmann-Bäuml
Herstellung: Arthur Lenner, Der *Buchmacher*, München
Umschlaggestaltung und -realisation: Stephan Rönigk
Satz: Kösel Media GmbH, Krugzell
Druck und Bindung: Kösel, Krugzell
Printed in Germany

ISBN 978-3-446-45136-0
E-Book-ISBN 978-3-446-45421-7

Inhaltsverzeichnis

1	**Einleitung**	7
2	**Definition und Nutzen von SFM**	11
2.1	Am Ort des Geschehens sein	11
2.2	Potenziale im administrativen Bereich erschließen	17
3	**Kultur und Organisation**	19
3.1	Selbstmanagement und Befähigung	19
3.1.1	Verantwortung stärken	21
3.1.2	Auf Teamarbeit setzen	22
3.1.3	Empowering People	25
3.2	Führungskräfte – Hierarchieebenen und Aufgaben	28
3.2.1	Modern führen	28
3.2.2	Unterstützen und fördern	29
3.2.3	Hoshin Kanri: Alle Ziele mit Unternehmenszielen verbinden	33
3.2.4	Rollen im Prozess definieren	35
3.2.5	Fehler positiv bewerten	40
4	**Transparenz**	43
4.1	Visualisierung als zentrales Mittel der Informationsdarstellung	43
4.2	Der Shopfloor als zentraler Kommunikationspunkt	46
4.2.1	Meetings durchführen	47

4.2.2	Feedback geben	51
4.2.3	Glass Wall Management anwenden	53

5 Kennzahlen zum Führen 55

5.1	Verdichtung der Realität	55
5.2	Kennzahlenübersicht	59
5.3	Kennzahlendefinitionen und Formeln	61
5.3.1	Produktivität	61
5.3.2	Termintreue	62
5.3.3	Ausschussquote	62
5.3.4	Reklamationsquote	63
5.3.5	Durchlaufzeit	64
5.3.6	Overall Equipment Effectiveness	65
5.3.7	Krankenstand	66
5.3.8	Rüstzeit	67
5.3.9	Taktzeit	69
5.3.10	Ausbringungsmenge	70
5.3.11	Verbesserungsvorschlagsrate	71
5.4	Das Shopfloor Board (SFB)	73

6 Standardisierung und Optimierung 81

6.1	Standards als Voraussetzung für Verbesserung.	81
6.2	Methoden zur Prozessoptimierung und Problemlösung	84
6.2.1	Kaizen	84
6.2.2	PDCA-Zyklus.	91
6.2.3	Die 5S-Methode	96
6.2.4	Fertigkeiten- oder Qualifikationsmatrix	97
6.2.5	Anwesenheitsmatrix	99

6.2.6	Andon	100
6.2.7	5W-Fragetechnik	102
6.2.8	Pareto-Diagramm	103
6.2.9	Ishikawa-Diagramm	104
6.2.10	A3-Methode	107
6.2.11	Maßnahmenplan	109
6.2.12	T-Card-System	110
6.2.13	Weitere Methoden/Werkzeuge	112

7 Vorgehen bei der Einführung von SFM im Unternehmen 115

7.1	Top-down entscheiden und gemeinsam starten	115
7.2	Voraussetzungen schaffen	117
7.3	Einführung beginnen	119
7.4	Auf indirekte Bereiche ausdehnen	121
7.5	Prozess abschließen	122

Literatur 123

Vielen Dank 125

1 Einleitung

Erhöhter globaler Wettbewerb zwingt Unternehmen dazu, ihre Effizienz und Produktivität langfristig immer weiter zu erhöhen. Auf dem Weg zu einer entsprechend hohen Leistungsfähigkeit von Unternehmen wird oft über Prozessoptimierung nachgedacht und diese auch mittels unterschiedlicher Methoden und Werkzeuge umgesetzt. Gerade die Produktion, der sogenannte Shopfloor, hat eine hohe Bedeutung innerhalb eines produzierenden Unternehmens. Hier werden die Werte geschaffen, die den Unternehmenserfolg sicherstellen. Um diesen Erfolg nachhaltig zu gewährleisten, müssen die Tätigkeiten in der Fertigung mithilfe von gezielten Managementaktivitäten organisiert werden.

Die oberen Managementebenen mit dem Shopfloor zu verbinden, stellt für einige Unternehmen eine große Herausforderung dar. Aus diesem Grund rückt das Thema Shopfloor Management (SFM) zunehmend in den Fokus.

Durch die Kooperation mehrerer Organisationsebenen, auch mit den indirekten Bereichen, wie z. B. dem Einkauf, bietet SFM die Möglichkeit einer schnellen, flexiblen und zielorientierten Problemlösung. Dabei ist SFM auch ein Instrument, um Unternehmen vom Lean-Gedanken hin zu einer lernenden Organisation weiterzuentwickeln.

SFM kann aber auch ohne ein dahinterstehendes Managementsystem, wie z. B. Lean, zum Einsatz kommen. Wie wäre es z. B., wenn Ihre Mitarbeiter einen standardisierten Kommunikationsweg für Probleme im Tagesgeschäft hätten? Wie wäre es, wenn Ihr Werkleiter mindestens einmal am Tag in der Produktion ist, um sich Probleme vor Ort anzuschauen? Durch Implementierung festgelegter Prozesse und Kaskaden wurde historisch vielfach eine deutliche Effizienzsteigerung ermöglicht, weshalb es heutzutage immer wichtiger wird, auch die Mitarbeiter für eine schrittweise und transparente Optimierung zu gewinnen.

> Shopfloor bedeutet Produktion, Fertigung. Management umfasst alle Leitungstätigkeiten zur Zielerreichung. Shopfloor Management (SFM) kann übersetzt werden mit „Führung am Ort des Geschehens".

In der Automobilbranche erfolgt dies seit den 1990er-Jahren unter dem Begriff SFM. Ein prominentes Beispiel ist Porsche, dort ist zwar der Begriff „SFM" nicht gebräuchlich, die Vorgehensweise entspricht aber dem SFM-Gedanken (vgl. Womack/Jones 1997, S. 250 f.). 1993 wurde dort ein ähnliches System unter dem Namen „Verbesserungsprozess [sic] bei Porsche" eingeführt. Dabei wird es insgesamt nicht mehr als zielführend erachtet, lediglich eine Leistung zu erwarten, sondern Menschen zu ermuntern und wertzuschätzen, um Ziele zu erreichen.

In der Produktion und auch in administrativen Bereichen ergeben sich immer wieder Beispiele, wie zur Lösung von möglicherweise kleinen Problemen großer Aufwand betrieben wird, der kaum in Relation zum Ausmaß des Problems steht. Genau an dieser Stelle soll SFM wirken, um Probleme vor Ort möglichst schnell, unkompliziert und effizient zu lösen. Zu diesen Problemen zählen beispielsweise mangelnde Transparenz über Vorgänge, unzureichende Kommunikation über Team- oder Bereichsgrenzen hinweg sowie fehlende Standards, über die kommuniziert werden kann. Weiterhin zählt zu den Problemen von Unternehmen, welche kein SFM implementiert haben, oft der fehlende Einblick des mittleren und oberen Managements in die Prozesse der eigentlichen Wertschöpfung innerhalb der Produktion. Hier wird oftmals über Prozesse, Probleme und deren Lösungen diskutiert, ohne am Ort des Geschehens einen Überblick darüber zu bekommen, wie die wertschöpfenden Prozesse tatsächlich funktionieren.

Von vielen in der Praxis tätigen Experten wird aus Gesprächen berichtet, dass sich Unternehmen für das Thema SFM interessieren und dies einführen wollen, um die genannten Probleme zu lösen bzw. diesen entgegenzuwirken. Dies zeigt auch eine Studie der Hochschule Koblenz aus dem Jahre 2015.

Allerdings zeigt sich auch, dass der Begriff SFM zwar verwendet wird, die in den Unternehmen damit verbundene Praxis jedoch manchmal wenig mit der eigentlichen Bedeutung der Methode zu tun hat. Oftmals ist das Ergebnis nur ein Kennzahlenboard in der Produktion. Aber was passiert dann damit? Wie gehen Sie z. B. mit Abweichungen um?

Kiyoshi Suzaki, welcher als einer der Ersten gilt, der sich in den 1990er-Jahren intensiv mit dem Thema SFM auseinandergesetzt hat, veröffentlichte 1993 sein Buch *The New Shop Floor Management. Empowering People for Continuous Improvement*. Dabei wird explizit auf den Menschen und das Management auf dem Shopfloor eingegangen. Genau an dieser Stelle wird in diesem Praxisbuch angeknüpft, um herauszustellen, was gezielt unter SFM verstanden werden soll, was es beinhaltet, wie es in der Praxis umgesetzt wird und wie es die Prozesse eines Unternehmens verbessern kann.

Der Aufbau des Werks richtet sich nach Kernelementen von SFM: Kapitel 3 beschäftigt sich mit dem Themenfeld „Kultur und Organisation". In Abschnitt 4 wird alles näher betrachtet, was mit dem Oberbegriff der „Transparenz" in

Verbindung steht. Danach wird das Thema „Kennzahlen zum Führen" näher betrachtet, und schließlich ist das sechste Kapitel der „Standardisierung und Optimierung" gewidmet. Zu guter Letzt wird in Kapitel 7 beschrieben, wie man bei der Einführung vorgehen kann.

Dieses Buch soll Ihnen als Produktionsleiter, Optimierungsverantwortlichem, Leiter Supply Chain Management oder im Controlling als nützlicher Leitfaden dienen.

Viel Erfolg und vor allem Vergnügen bei der Erhöhung Ihrer Prozesstransparenz!

2 Definition und Nutzen von SFM

2.1 Am Ort des Geschehens sein

WORUM GEHT ES?

Bevor die konkreten Elemente von SFM erläutert werden, gilt es, grundlegend festzuhalten, was man unter SFM versteht, und darüber hinaus, warum und wofür es eingesetzt wird. So wird SFM im Folgenden zuerst definiert, und Sinn und Nutzen werden herausgestellt, sodass für Sie ein einheitliches Bild entsteht.

Unter Shopfloor Management versteht man das sichtbare und standardisierte Führen am Ort des Geschehens durch die Anwendung von Optimierungsmethoden und einzelnen Werkzeugen zur Prozessverbesserung sowie deren nachhaltiger Umsetzung durch eine konsequente Disziplin über alle Hierarchieebenen hinweg. Grundsätzlich soll ein Managementsystem, wie z. B. Lean Management, auf dem Shopfloor und in allen indirekten Bereichen implementiert werden. Es unterteilt sich in vier Kernelemente, die in Bild 1 dargestellt sind:

▶ Schaffung von Transparenz für alle Beteiligten,
▶ Standardisierung und Optimierung von Prozessen,
▶ Kennzahlen zum Führen mit Zahlen, Daten und Fakten,
▶ Kultur und Organisation (Präsenz der Führungskräfte auf dem Shopfloor).

Definition und Nutzen von SFM

Diagramm: Elemente des SFM – zentrales Element "SFM" umgeben von Visualisierung, Kommunikation, Führung und Rollenverständnis, Steuerung/Controlling, Zielvorgaben, Prozessoptimierung und Methoden; mit den vier Kategorien Standardisierung und Optimierung, Transparenz, Kultur und Organisation, Kennzahlen zum Führen.

Bild 1: *Elemente des SFM*

Der japanische Begriff für SFM ist „Gemba Kanri" bzw. „Genba Kanri". Wobei „Genba" der Ort ist, an dem Menschen den Wert ihrer Organisation steigern, und das Wort „Kanri" „Management" bedeutet. Genba wird also als ein positiver Ort betrachtet.

 Gemba Kanri/Genba Kanri: Japanische Bezeichnung für Shopfloor Management.

Nach Suzaki gibt es im Japanischen im Hinblick auf das SFM drei grundsätzliche Ideen bzw. Realitäten:

- Die erste ist „Genba" als „der reale Ort". Dieser ist sowohl der Ort der Wertschöpfung als auch der Ort, an dem Probleme gelöst werden. In diesem Sinne ist es somit meist nicht zielführend, Theorien oder Ähnliches fernab dieses Ortes in beispielsweise Büros zu entwickeln, um ein Problem zu lösen, sondern dies sollte direkt am betreffenden Ort geschehen.
- Die zweite Realität ist „Genbutsu" im Sinne einer „realen Sache". Darunter können beispielsweise Produkte oder Maschinen verstanden werden. Produkte verkörpern letztlich den Produzenten und sollten daher immer real betrachtet werden.
- Schließlich ist die dritte Realität „Genjitsu", „das reale Wissen", welches meint, dass man immer die wahren Probleme herausfinden sollte, sodass man standardisierte Gegenmaßnahmen zur nachhaltigen Vermeidung zukünftiger Probleme anwenden kann und nicht darauf angewiesen ist, immer nur kurzfristig Gegenmaßnahmen anzuwenden.

In Kombination sollen die verschiedenen „Realitäten" dafür sorgen, dass man sich bei Problemlösungen von vorschnell entwickelten Theorien/Vermutungen löst, um die Dimensionen des Problems an dem Ort, an dem sie auftreten, zu studieren und zu adäquaten Lösungen zu gelangen. Dabei soll es möglich sein, vergleichsweise einfachere Lösungen zu finden, als dies fernab des Ortes des Geschehens möglich wäre. So betrachten japanische Manager nicht Arbeiter (des Shopfloors) auf der einen und Führungskräfte auf der anderen Seite, sondern vielmehr die Belegschaft eines Unternehmens als Ganzes (vgl. Suzaki 1993).

Ziel von SFM ist, schnell und direkt einfache Lösungen zu finden. Die Belegschaft wird hierbei als Ganzes verstanden.

WAS BRINGT ES?

Viele Unternehmen setzen sich seit den ersten Erfolgen von z. B. Lean Management und Six Sigma vermehrt mit dem Thema Shopfloor Management auseinander. In dieser Hinsicht genießt vor allem das Toyota-Produktionssystem (TPS) einen hohen Stellenwert, da dabei durch standardisierte Prozesse, Visualisierung und vor allem SFM effizient gearbeitet wird. Warum ist das TPS jedoch so anders als die Systeme vieler anderer Konzerne, bei denen es nicht an den finanziellen Mitteln zur Umsetzung mangelt?

Eine wesentliche Rolle spielen hierbei die nicht sichtbaren Elemente bzw. Werkzeuge eines Systems. Sichtbare Elemente sind kopierbar und somit für jedes Unternehmen auf die eigene Produktion übertragbar, wie etwa „Poka Yoke" oder die „Null-Fehler-Produktion". Der Erfolg von Toyota liegt jedoch vor allem in den nicht sichtbaren bzw. nicht kopierbaren Elementen. Das Unternehmen generiert dabei ständig neues Wissen, anstatt sich auf das Kopieren der Methoden anderer Konzerne zu konzentrieren (vgl. Rother 2013, S. 23 ff.).

An dieser Stelle erweist sich Shopfloor Management als geeignetes Tool, um Erfahrungen auf Grundlage der aktuellen Produktions- sowie administrativen Prozesse zu sammeln und somit Optimierungspotenziale zu identifizieren.

Ein weiterer Grund für den Einsatz von SFM ist, dass nach derzeitigem Stand viele Unternehmen noch immer einen tayloristischen Ansatz verfolgen, bei dem die mittlere und obere

Managementebene weitestgehend von der Produktion entkoppelt sind. Dies hat zur Folge, dass Manager mehr Zeit innerhalb ihrer Managementebene verbringen. Daraus resultiert wiederum, dass wenig Zeit für den direkten Kontakt vor Ort auf dem Shopfloor zur Verfügung steht.

Eine zusätzliche Folge der mangelnden Vernetzung von Management und Produktion ist die unzureichende Kommunikation zwischen Werkern und Managern. Folglich bleiben Potenziale zur Optimierung der Abläufe ungenutzt, die aus Erfahrungen und Ideen des Fertigungspersonals hervorgehen. An dieser Stelle setzt das SFM an und ermöglicht es Unternehmen, die Distanz zwischen Managementebene und dem Shopfloor sowie den Mitarbeitern in der Administration zu minimieren.

SFM verbindet die Managementebene mit dem Shopfloor. Mit SFM wird die strikte Trennung zwischen Administration und Produktion aufgehoben.

Die wesentlichen Vorteile eines erfolgreichen Shopfloor Managements sind die kontinuierliche Prozessverbesserung sowie die Steigerung der Mitarbeiter- und Kundenzufriedenheit. Mögliche positive Effekte, die mit den Vorteilen in Verbindung stehen bzw. Einfluss zur Erreichung dieser haben, werden in Tabelle 1 dargestellt.

Kontinuierliche Prozessverbesserung	Mitarbeiterzufriedenheit	Kundenzufriedenheit
Steigerung der Prozesseffektivität	Selbständiges und eigenverantwortliches Handeln	Verkürzte Lieferzeiten
Minimierung von Verschwendung	Steigerung der innerbetrieblichen Vertrauenskultur	Verbesserte Qualität
Wichtigen Entscheidungen vor Ort treffen	Gesteigertes Engagement der Mitarbeiter	Kostenvorteile
Aus Fehlern lernen	Einbeziehung der Mitarbeiter in Verbesserungsprozesse	
Nachhaltige und systematische Problemlösung	Identifikation der Mitarbeiter mit ihrem Arbeitsplatz	
Optimaler Einsatz von Ressourcen		
Darstellung von Optimierungspotenzialen		
Erhöhung der Transparenz von Soll-/Ist-Zuständen		

Tabelle 1: *Vorteile des Shopfloor Managements*

2.2 Potenziale im administrativen Bereich erschließen

WORUM GEHT ES

Optimierungsmethoden, wie z. B. Lean Management, werden von einer zunehmenden Anzahl von Unternehmen eingesetzt. Oftmals ist dies allerdings auf die Produktion im Unternehmen fokussiert. Das führt dazu, dass das Optimierungspotenzial in administrativen Bereichen übersehen wird. In der Praxis zeigt sich in letzter Zeit allerdings, dass Unternehmen die Potenziale der administrativen Bereiche zunehmend erkennen und dort ebenfalls mit Optimierungsmethoden ansetzen.

WAS BRINGT ES?

Eine der wohl effektivsten und schnellsten Hilfsmittel, um Optimierungen in administrativen Bereichen zu nutzen, ist dabei das Shopfloor Management. Da sich die Anwendung in der Produktion und in den administrativen Bereichen nur in Details unterscheidet, ist dies ein guter Ansatz für einen Kontinuierlichen Verbesserungsprozess im gesamten Unternehmen.

Die größte Herausforderung dabei ist allerdings, dass in den administrativen Bereichen die Prozesse weniger visuell sind als in einer Produktionslinie und damit die Einführung des SFM hier mehr Kommunikation und Mitarbeit durch die Angestellten erfordert.

Dabei kann das SFM entweder direkt für das gesamte Unternehmen eingeführt werden oder sukzessiv Abteilung für Abteilung. Bei Letzterem bieten sich Vorteile durch „Best Practice"-Nutzung des SFM. Dadurch lässt sich ein für das

Unternehmen angepasster Standard zur Einführung, Durchführung und kontinuierlichen Verbesserung des SFM entwickeln.

> Ein standardisiertes SFM versetzt Mitarbeiter verschiedenster Abteilungen in die Lage bzw. ermächtigt sie dazu, unabhängig von Führungskräften Aufgaben und Probleme direkt an die betroffene Abteilung weiterzuleiten. Dies schafft nicht nur mehr Transparenz über alle Abteilungen hinweg, sondern optimiert auch die Kommunikation.

Der Fokus liegt eindeutig auf dem Prozess als Ganzem. Abteilungsgrenzen werden überwunden bzw. stellen kein Hindernis mehr dar. So sind die Mitarbeiter in der Lage, sich selbst zu organisieren, und müssen nicht jedes Problem über die Führungskräfte an die jeweiligen Abteilungen weitergeben. Die Handlungsfähigkeit und Verantwortung eines jeden Mitarbeiters steigen und damit einhergehend auch ihre intrinsische Motivation, eine gute Leistung zu liefern, also einen relevanten Teil zum Unternehmenserfolg beizutragen.

Als Resultat lassen sich eine schnellere Problemlösung, eine verbesserte Kommunikation, mehr Transparenz und selbständigere Mitarbeiter innerhalb des Unternehmens nennen.

> SFM steigert die Handlungsfähigkeit und die Verantwortung der Mitarbeiter. Beides Voraussetzungen, um komplexe, sich schnell verändernde Aufgaben erfolgreich meistern zu können.

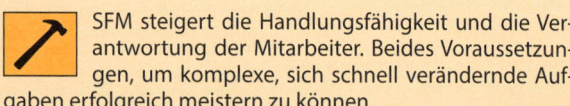

3 Kultur und Organisation

„Kultur und Organisation" ist das erste Hauptelement des SFM (siehe auch Bild 1). Der Kern von SFM beinhaltet, dass Lösungen direkt am Ort des Geschehens gefunden werden. Das bedeutet, dass Führungskräfte sowie eingebundene Mitarbeiter am Shopfloor zusammenkommen und dort zusammen analysieren, welche Probleme es gibt und worin deren Ursprung liegen könnte. Die Grundlage dafür ist eine gute und respektvolle Zusammenarbeit, bei der auf Augenhöhe miteinander kommuniziert wird. Dadurch werden Hierarchieebenen durchbrochen, und allen Mitwirkenden wird mehr Verantwortung zugesprochen.

 Nur im Team kann eine adäquate Lösung gefunden werden.

Besonders für Führungskräfte entsteht hier eine große Herausforderung, da es an ihnen liegt, alle beteiligten Mitarbeiter mit einzubinden und sie zu positiver Leistung zu motivieren. Der Umgang miteinander und die wahrgenommene Rolle, die jeder Einzelne einnimmt, spielen hierbei eine wichtige Rolle.

3.1 Selbstmanagement und Befähigung

WORUM GEHT ES?

Nach Suzaki soll es den Mitarbeitern ermöglicht werden, sich selbst zu managen, was zu einer Verbesserung von Qualität, Kosten, Sicherheit, Arbeitsmoral etc. führt. So ist ein zentraler Punkt seines Buches die Befähigung der Mitarbeiter zum Selbstmanagement zwecks Erreichung dieser Ziele.

Folgende Fertigkeiten sind erforderlich, um Selbstmanagement erfolgreich praktizieren zu können (Suzaki 1993):

- Aufrechterhaltung von Standards (z. B. Anwendung von definierten Verfahrensweisen),
- Durchführung von Verbesserungen (z. B. Techniken zur Problemerkennung und -lösung),
- analytische Fähigkeiten und Fähigkeit zur Motivation,
- Durchführung von Teamarbeit (Kommunikations- und Führungsfertigkeiten),
- technische Fertigkeiten zur Erledigung der Aufgaben,
- Managementfähigkeiten (z. B. Führungsqualitäten).

WAS BRINGT ES?

Selbstmanagement ermöglicht den Mitarbeitern im Rahmen bestimmter Regeln und mithilfe von Techniken und Methoden, maßgeblich zur Verbesserung der Prozesse und Erreichung der Ziele beizutragen. Somit ist der Wille, sich selbst zu verbessern, eine Grundvoraussetzung für erfolgreiches Selbstmanagement.

Das Selbstmanagement der Mitarbeiter als unterste Hierarchieebene einer Organisation ist eine entscheidende Voraussetzung dafür, dass ein Unternehmen nachhaltig Erfolg hat.
SFM unterstützt Mitarbeiter dabei, sich selbst zu managen. Wichtig ist, dies zu ermöglichen und sie zum eigenverantwortlichen Handeln zu befähigen.

Mitarbeiter, die Fähigkeiten zum Selbstmanagement entwickeln und selbständig Probleme lösen können, können schnell auf Veränderungen reagieren. Dazu ist es unter anderem notwendig, dass Informationen ausgetauscht, Mitarbeiter auf Veränderungen vorbereitet und dazu ermutigt werden, sich ständig zu verbessern. Hoch motivierte Menschen, die sich selbst managen, werden erfolgreich sein und Vertrauen in die eigenen Fähigkeiten entwickeln. Somit kann das Unternehmen profitieren. Diese Art von Selbstmanagement ist stark mit der Idee der „Minifirmen" verknüpft (vgl. Suzaki 1994).

WIE GEHE ICH VOR?

3.1.1 Verantwortung stärken

> Unter Minifirmen versteht man einzelne Bereiche oder Prozesse eines Unternehmens, in denen im Extremfall jeweils ein Einzelner für seinen Bereich die Verantwortung trägt.

Beim Konzept der Minifirmen werden vorige Prozesse oder Bereiche als Lieferanten, nachfolgende als Kunden angesehen. Die Verantwortlichen einer Minifirma/eines Verantwortungsbereiches werden als „Präsidenten" bezeichnet (vgl. Suzaki 1993).

Diese Sichtweise erweckt vielleicht den Eindruck, als ob jeder für sich arbeiten würde. Jedoch ist es Sinn und Zweck von Minifirmen, das Selbstmanagement der Mitarbeiter zu stärken, da die Wertschätzung durch die Etablierung von einzelnen Minifirmen erhöht wird.

Suzaki schlägt vor, dass jede einzelne Minifirma auch eine eigene „Mission" entwickelt, nach der sie handeln möchte. Missionen sollen nach Suzaki „die Willenskraft und Kreativität der Leute" darstellen und ausdrücken, was die Mitglieder einer Minifirma erreichen möchten. Dies kann z. B. die Anwendung von „just in time" eines als Minifirma organisierten Lagers sein. Somit ist Teamwork für Minifirmen, als eine Einheit aus Menschen, besonders wichtig für den Erfolg!

Es ist jedoch nicht zwingend erforderlich, dass nur einzelne Personen als Minifirma fungieren. So können auch Firmeneinheiten Minifirmen gründen. Dies beginnt bei Minifirmen in kleinen Unternehmen im Rahmen von Gruppen oder Abteilungen mit ca. fünf bis 20 Mitgliedern und endet bei großen Firmen, in denen beispielsweise jedes Werk eine Minifirma bildet.

Das Betreiben von Minifirmen bedingt somit eine gute kommunikative Verknüpfung, um für eine bessere Kommunikation intern sowie extern und damit für gestärkte Beziehungen innerhalb der Organisation sowie zwischenbetrieblich zu sorgen. Durch eine enge räumliche Bindung wird eine schnelle Kommunikation vereinfacht.

So können Minifirmen einerseits als autonom agierende Organisationseinheiten angesehen werden, die in ihrem Bereich Verbesserungen anstreben und als ein Team funktionieren (vgl. Suzaki 1994, S. 23). Auch können sie als Konzept zur dezentralen Steuerung betrachtet werden.

3.1.2 Auf Teamarbeit setzen

 Teamarbeit ist die Basis des Shopfloor Managements und ermöglicht die Führung direkt vor Ort.

Teamarbeit gilt auch als eine Voraussetzung dafür, eine schlanke Fertigung zu realisieren. So wird Teamarbeit mit qualifizierten sowie motivierten Mitarbeitern als zentraler Aspekt einer schlanken Fabrik angesehen.

Im Rahmen der Teamarbeit sollen sich Mitarbeiter im Sinne einer ständigen Optimierung mit ihrem Wissen und ihrem Engagement nicht zurückhalten. Eine solch offene Kommunikation benötigt ein Führungskonzept, welches dies ermöglicht (vgl. Kapitel 4). Hier zeigen sich deutliche Parallelen zu den zuvor beschriebenen Minifirmen. Dadurch sollen die Mitarbeiter zunächst ihre Fähigkeiten ausbauen und schließlich dafür sorgen, dass die Produktivität sowie die Qualität erhöht werden und die Flexibilität innerhalb der Fertigung gesteigert wird.

> **Organisationswandel**
> Ihr Unternehmen muss sich von einer klassischen Abteilungsorganisation zu einer Prozessorganisation wandeln! Schnittstellen müssen überwunden werden.

Die Teams innerhalb der Organisation sollen dann nach Bedarf aus Mitarbeitern verschiedener Abteilungen zusammengesetzt werden mit dem Fokus, dass alle Bereiche der Produktion einen fehlerfreien Prozess ermöglichen. Firmenweite Teamarbeit gilt es zu stärken und somit Barrieren zwischen Abteilungen zu verringern. Eine solche Transformation soll vor allem durch das Topmanagement vorangetrieben werden, um der Bewegung den notwendigen Antrieb zu geben.

> **Managementunterstützung**
> Die Umsetzung von SFM erfordert immer die Unterstützung des Managements. Ein Top-down-Ansatz kann nachhaltig erfolgreich sein.

Teams sollen nach Möglichkeit weitgehend selbständig und unabhängig von den Meistern Aufgaben verteilen, Probleme lösen und Konflikte klären.

Des Weiteren gilt es, Teamsprecher zu ernennen, die dafür Sorge tragen, dass unter anderem Standards eingehalten, Problemlösungsprozesse selbständig angestoßen und die Teammitglieder weiterqualifiziert werden und die Aktualisierung der sogenannten Teamtafel erfolgt. Auf dieser kann z. B. dargestellt werden, welcher Mitarbeiter noch welche Trainings zu absolvieren hat, somit wird eine Qualifikationsmatrix erstellt. Auch wird gefordert, dass sie das Team gegenüber Meistern und Management vertreten und als Multiplikatoren agieren, die Informationen weitergeben. Teamsprecher agieren somit als Vermittler zwischen der Leitung durch die Meister und den Vollzug durch die Mitarbeiter.

Teams sollten nach Möglichkeit klein sein, damit die einzelnen Mitglieder voneinander lernen können. Im Toyota-Produktionssystem bestehen Teams so beispielsweise aus ca. fünf bis acht Mitarbeitern und einem Teamleiter. Dieser steht unterstützend zur Verfügung, wenn ein Problem auftritt. Vier bis fünf Teams sind wiederum in einer Gruppe mit Gruppenleiter zusammengefasst. Besonderer Wert wird aber darauf gelegt, dass Leiter stets vor Ort sind, um zu helfen oder bestimmte Verhaltensweisen zu fördern.

Die Arbeit in solchen kleinen Teams wird als effizient zur Problemlösung angesehen. So zeigt eine Studie, dass das Problemlösen in kleinen Gruppen besonders gut funktioniert, wenn sie darüber hinaus über sich ergänzende Fähigkeiten verfügen (vgl. Zeng/Chi Anh/Matsui 2013, S. 469).

 Unternehmen, in denen kleine Einheiten selbstorganisierend agieren, gelten im Hinblick auf die Motivation der Mitarbeiter und die Qualität der Arbeit als erfolgversprechend. Erfolgreiches SFM baut auf diesen organisatorischen Ideen auf.

3.1.3 Empowering People

Die Leiter der Verantwortungsbereiche müssen sich und ihre Firma selbst managen und benötigen nicht mehr im bisherigen Umfang das Management durch Vorgesetzte. Dazu kann auch eine Schautafel, auch Shopfloor Board genannt, am Shopfloor genutzt werden (vgl. Kapitel 5). Mitarbeiter sollen mithilfe der Schautafel selbst Probleme sowohl identifizieren als auch lösen und nicht zwingend darauf angewiesen sein müssen, dass jemand anderes auf Probleme aufmerksam macht.

Darüber hinaus soll Selbstmanagement dafür sorgen, dass ungenutzte Potenziale, im Sinne von Talenten der Menschen, aufgedeckt werden, die schließlich ebenfalls für Verbesserungen sorgen können. Suzaki (1993) spricht zudem davon, dass man sich durch qualifizierte Mitarbeiter, die daran glauben, dass ihr Potenzial größer ist, als sie sich vorstellen können, einen Wettbewerbsvorteil erarbeiten kann.

„Empowerment" (englisch für „Befähigung") ist die Befähigung aller Mitarbeiter, sich selbständig in hierarchieübergreifende Prozesse einzubringen und auf gleicher Augenhöhe zu kommunizieren. Dadurch sollen die Potenziale aller Mitarbeiter genutzt werden und keine Beschränkung auf die Nutzung der Kompetenzen der Führungskräfte erfolgen.

So bedeutet „Shopfloor Empowerment" sowohl Mitarbeiterbefähigung als auch Mitarbeiterermächtigung (vgl. Gaitzsch/Ziegler 2010, S. 174).

> Unter der Mitarbeiterbefähigung ist zu verstehen, dass die Mitarbeiter die nötige Methodenkompetenz vermittelt bekommen. Unter Mitarbeiterermächtigung kann verstanden werden, dass die Mitarbeiter als „Führungsressource" am Management des Betriebs teilhaben können.

Dies bedeutet jedoch nicht, dass Mitarbeiter komplett autonom agieren können bzw. sollen. Sollte z. B. während eines Problemlösungsprozesses Unterstützungsbedarf deutlich werden, kann der Prozess auf die nächste Ebene eskaliert werden. Eskalation sollte dann nicht als Abtreten von Verantwortung oder Scheitern erachtet werden, sondern schlicht als die Anfrage nach Unterstützung. Allerdings sollte zunächst eine Eskalation vermieden werden, um die Eigenverantwortlichkeit der Mitarbeiter zu stärken. Auch für Toyota sind Mitarbeiter, welche befähigt („empowered") sind, wichtig für den Erfolg.

So werden auch im sogenannten Toyota-Humansystem Selbstbestimmung und die Erweiterung des jeweiligen Handlungsspielraums als besonders wichtig angesehen, um leistungsbereite Mitarbeiter zu erhalten (vgl. Zollondz 2013). Taiichi Ohno hat bereits darauf gesetzt, dass Mitarbeiter sich nicht nur auf eingegrenzte Bereiche beschränken und sich im Unternehmen engagieren. Dies soll durch eine hohe Zahl an Verbesserungsvorschlägen gezeigt werden.

In einer „Lean-Kultur" werden Prozessverbesserungen von jedem erwartet und laufen kontinuierlich ab. Es wird darauf verzichtet, Verbesserungen ausschließlich durch spezialisierte Projektteams durchführen zu lassen. Die ausgeprägte Kommunikation zwischen Führungskräften und Mitarbeitern und die Möglichkeit des eigenverantwortlichen Handelns werden in den meisten Unternehmen als Veränderung der gesamten Unternehmenskultur verstanden. So sollte ein Mitarbeiter zwar nicht vollkommen bestimmen, was in der Produktionshalle passiert, jedoch kann er im Rahmen der Eigenverantwortung viel mitbestimmen (vgl. Kapitel 3).

Um zu überprüfen, ob Mitarbeiter wirklich befähigt wurden, schlägt Herbert Molenaar die in Tabelle 2 dargestellte Prüfliste vor.

1.	Haben wir unsere Mitarbeiter genügend informiert?
2.	Verstehen die Mitarbeiter, worum es geht?
3.	Haben wir uns Mühe gegeben, das „Warum" vernünftig zu vermitteln?
4.	Finden die Mitarbeiter auf die Frage „Was bringt mir das?" eine passende Antwort?
5.	Haben wir vereinbart, ab wann wir etwas erwarten?
6.	Kann der Mitarbeiter auch umsetzen, was wir von ihm erwarten?
7.	Hat der Mitarbeiter die notwendigen Ressourcen?
8.	Bringen die Aktionen, wofür wir die Mitarbeiter mobilisiert haben, auch wirklich etwas?

Tabelle 2: *Prüfliste Befähigung in Anlehnung an Molenaar (2012)*

3.2 Führungskräfte – Hierarchieebenen und Aufgaben

WORUM GEHT ES UND WAS BRINGT ES?

Um eine neue Herangehensweise oder Kultur in einem Unternehmen zu etablieren, reicht es nicht aus, Instrumente wie Kennzahlen einzuführen, sondern vielmehr müssen Mitarbeiter dazu motiviert werden, die Veränderung mitzutragen. Die Art und Weise, wie ein Unternehmen geführt wird, steht also im Mittelpunkt (vgl. Suzaki 1994, S. 22). Dafür ist es wichtig, auf dem Weg zum Zielzustand keine Mitarbeiter zu verlieren, und auch, dass Führungskräfte bereit sind, einen Schritt zurückzugehen zugunsten ihrer Mitarbeiter.

WIE GEHE ICH VOR?

3.2.1 Modern führen

Zum Führungsverständnis im Sinne des SFM gehört, dass Führungskräfte stets motiviert vorangehen und Mitarbeiter durch aktive Beteiligung (z. B. Erfragung der Meinung) integriert werden.

Wichtig ist auch, auf Ängste der Mitarbeiter einzugehen. Zu diesen Ängsten gehören z. B. die erhöhte Transparenz und der damit möglicherweise einhergehende Leistungsdruck.

Veränderungen sollten auch nicht „angeordnet" werden und dadurch eventuell Widerstand hervorrufen, sondern Veränderungen sollten im Rahmen einer offenen Kommunikation aller Beteiligten gemeinsam erarbeitet werden.

Unter modernem Führen wird des Weiteren verstanden, Mitarbeitern gegenüber als Dienstleister aufzutreten.

Führen ist Service am Mitarbeiter! Dies bedeutet auch, dass Mitarbeiter respektiert und geschätzt werden.

Darüber hinaus benötigt modernes Führen andererseits aber auch eine verbindliche Komponente, also dass Ziele vorgegeben und Grenzen gesetzt werden und die Erreichung von Zielen gefordert wird. Nur eine Kombination aus beidem wird als zielführend angesehen.

Dies impliziert, dass die Mitarbeiter, die mit Shopfloor Boards (SFB, Kapitel 5) arbeiten sollen, in den Entwicklungsprozess dieser eingebunden werden. So sollen die Mitarbeiter aktiv mitentscheiden, welche Informationen auf das SFB gehören und welche wiederum nicht.

Durch den hohen Grad der Mitbestimmung können Standards geschaffen werden, die von den Mitarbeitern auch tagtäglich eingehalten werden. Damit ist der Weg für ein nachhaltiges SFM geebnet.

SFM ist mehr als eine Informationstafel, nämlich ein Führungsinstrument, das, ausgehend von Informationen, Abweichungen erkennbar machen und abschließend beseitigen soll. So ist die Rolle der Führungskräfte zentral, um ein erfolgreiches SFM zu etablieren.

3.2.2 Unterstützen und fördern

Eine der Kernaufgaben von Führungskräften ist, standardmäßig zu überprüfen, ob die Problemlösungen umgesetzt und beibehalten werden. Eine Lösungsorientierung ist dabei wichtig. Es wird häufig der Begriff „Coach-Coachee-Prinzip" verwendet. Darunter ist zu verstehen, dass Führungskräfte als Mentoren agieren, die ihren Mitarbeitern bei Problemlösungen behilflich sind und ihnen die dafür nötige Hilfestellung geben.

In diesem Zusammenhang kann von „coachen" gesprochen werden, bei dem ein Coach eine Hilfestellung gibt und jemanden begleitet, der Coachee jedoch den Weg selbständig gehen muss und nicht Schritt für Schritt geführt wird (vgl. Peters 2009, S. 66 f.).

Somit sollen Führungskräfte nicht hauptsächlich selbst für Verbesserungen zuständig sein, sondern die Fähigkeit der Mitarbeiter zur Verbesserung kontinuierlich weiterentwickeln. Dies wird auch als „Mentor-Mentee-Dialog" bezeichnen (vgl. Zollondz 2013, S. 188 f.).

 Die zentrale Aufgabe von Führungskräften besteht darin, die Problemlösungskompetenz der Mitarbeiter zu fördern.

Der Ansatz von Coach/Coachee wird beispielsweise auch bei der Einführung von Lean Management angewendet. So soll ein Coach motivieren, Impulse und Feedback geben sowie Handlungen hinterfragen. Coachen bedeutet hier die individuelle Begleitung der Mitarbeiter vor Ort. Bei dieser Art zu führen, soll auf jeden Menschen eingegangen und ihm ermöglicht werden, das Tempo des Lernens selbst vorzugeben.

So hat der Manager als Coach, der am Ort des Geschehens den Mitarbeitern bei der Realisierung von Verbesserungen als Hilfe zur Verfügung steht, eine wichtige Aufgabe und ermöglicht es, Entscheidungen auf Basis von Informationen aus erster Hand zu treffen.

Die Präsenz von Führungskräften vor Ort ist eine elementare Voraussetzung dafür, dass Probleme erkannt und abschließend nachhaltig, also an der Wurzel, beseitigt werden können.

„Coachendes Führen bedeutet, sich auf die Individualität und Einzigartigkeit des anderen Menschen einzulassen" (vgl. Hurtz/Stolz 2013, S. 62). So können Führungskräfte, wie beispielsweise der Shopfloor Manager, als Coach agieren, um Mitarbeiter konsequent weiterzuentwickeln. Dazu definieren Albert Hurtz und Martina Stolz einen Kreislauf:

- *Zielvereinbarung:* Zunächst werden gemeinsam mit dem Mitarbeiter Ziele definiert und vereinbart.
- *Unterstützung/Coaching:* Anschließend soll die Führungskraft den Mitarbeiter unterstützen/coachen, um die Ziele zu erreichen.
- *Messen des Grads der Zielerreichung:* Daraufhin soll der Grad der Zielerreichung gemessen und beurteilt werden und, wenn die Ziele nicht erreicht werden, der Mitarbeiter entsprechend entwickelt sowie gefördert werden.

Dies muss im Rahmen einer wertschätzenden Führung unter Beteiligung des Mitarbeiters erfolgen.

Ein solches Führungsverhalten ist entscheidend, um die Potenziale der Mitarbeiter zu erreichen (vgl. Molenaar 2012, S. 262). Dazu gehören auch die Selbststeuerung der Mitarbeiter und eine offene Kommunikation bis hin zu einem vollumfassenden Management mit Vertrauen und Respekt zwischen Mitarbeitern und Vorgesetzten.

> Japanische Manager betrachten nicht Arbeiter (des Shopfloors) auf der einen und die Führungskräfte auf der anderen Seite, sondern vielmehr die Belegschaft eines Unternehmens als Ganzes ohne jedwede Schranke.

Häufig wird der Lean-Ansatz falsch verstanden. Im Zuge der Einführung von „Lean" wird in Unternehmen oftmals das Prinzip mit einer flachen Organisation gleichgesetzt. Aus einer solch flachen Organisation resultiert eine hohe Führungsspanne, was bedeutet, dass eine Führungskraft viele Mitarbeiter zu führen hat. Jedoch werden kleinere Teams als deutlich effizienter und besser zu führen angesehen (vgl. Peters 2009). „Lean" mit dem Abbau von Hierarchieebenen zu verbinden, ist nicht Sinn der Sache.

Besonders durch den Abbau von mittleren Hierarchieebenen hat sich sogar eine Entfremdung des Topmanagements von der operativen Ebene entwickelt. Die Einführung der „Lean-Philosophie" sollte eine schlanke Produktion und entsprechend schlanke Strukturen zur Folgen haben, jedoch keine schlanke, also ausgedünnte Führungsebene. In der Konsequenz vergrößert sich die Führungsspanne, wodurch die Führungskräfte immer weniger Zeit für ihre Kernaufgabe, das Führen von Mitarbeitern, haben. Dies mündet darin, dass Führungskräfte zeitlich kaum die Möglichkeit besitzen, z.B. zeitnahes Feedback zu geben. Durch eine Zunahme administrativer Arbeiten, z.B. bei Meistern, vergrößere sich dieser Effekt, sodass ein Großteil der Arbeitszeit fernab vom Ort des Geschehens und somit fernab von den Mitarbeitern verbracht wird (vgl. Hurtz/Stolz 2013).

3.2.3 Hoshin Kanri: Alle Ziele mit Unternehmenszielen verbinden

Nach Suzaki ist die traditionelle Vorgehensweise, dass das Topmanagement Ziele vorgibt, ohne die darunterliegenden Hierarchieebenen miteinzubeziehen. Dieses Führen durch Ziele (Management by Objectives, MbO) ist bei vielen Unternehmen Standard. Übergeordnete Ziele werden in Teilziele unterteilt und an Führungsebenen weiter unten weitergegeben. Zum einen werden dabei nicht immer alle Ziele transparent behandelt, zum anderen findet meist keine Abstimmung von unten nach oben statt. Weiterhin wird oft wenig Wert auf Prozessverbesserungen gelegt, sondern ein rein quantitatives Ergebnis in Form von Zahlen als Ziel definiert. Hier kann Hoshin Kanri helfen, die Organisation weiterzuentwickeln.

Unter Hoshin Kanri versteht man, dass Ziele und Visionen in Kaskaden von der Unternehmensleitung bis hin zum Produktionsmitarbeiter über alle Bereiche hinweg sowohl erarbeitet als auch kommuniziert werden. Die Synonyme für Hoshin Kanri sind „Policy Deployment" und „Management by Policy".

„Hoshin" steht für die strategische Führung bzw. Firmenpolitik als Ganzes während „Kanri" das japanische Wort für „Management" ist (vgl. Suzaki 1994, S. 244).

Führungskräfte und Mitarbeiter werden durch umfassende Planung strukturiert in einen Kaskadierungsprozess eingebunden. Die zentralen Merkmale und Vorteile des Hoshin Kanri sind in Tabelle 3 dargestellt.

Zentrale Merkmale
Alle Mitglieder eines Unternehmens werden mit eingebunden.
Systematischer Prozess zur Ableitung und Abstimmung von Zielen.
Alle Unternehmensebenen (vertikal/horizontal) werden einbezogen.
Die Unternehmensvision dient als Grundlage für Durchbruchsziele.
Durchbruchsziele dienen als Grundlage für Strategien und Ziele aller Beteiligten.
Alle Mitarbeiter werden auf eine Vision ausgerichtet.
Zentrale Vorteile
Methode und Vorgehensweise sind ebenso wichtig wie Ergebnisse.
Durch die ganzheitliche Orientierung an der Vision werden suboptimale Lösungen vermieden.
Ziele und Kennzahlen werden nicht zur Steuerung, sondern zur Erfolgsmessung verwendet.
Durch transparente Unternehmensziele werden die Mitarbeiter über die Entwicklung informiert.
Bekannte Methoden werden eingesetzt, welche zugleich die Organisation weiterentwickeln.
Ziele werden den Fähigkeiten und Anforderungen aller Kunden angepasst.

Tabelle 3: *Hoshin Kanri: Merkmale und Vorteile (in Anlehnung an Gorecki/Pautsch (2014), zitiert nach Conti (1993), S. 69)*

So sollen auch die Zielsetzungen einzelner Mitarbeiter konsequent an den Zielen des Unternehmens ausgerichtet werden.

Die Unternehmensziele geben einen Rahmen vor, in dessen Grenzen die Führungskräfte mit den Mitarbeitern individuelle Ziele vereinbaren. Dies bringt dem Mitarbeiter Wertschätzung entgegen, motiviert ihn und steht im Kontrast zu reinen Zielvorgaben. Das gemeinsame Diskutieren über die eigenen Zielsetzungen im Kontext der übergeordneten Zielsetzungen des Unternehmens befähigt den Mitarbeiter zudem, das große Ganze zu sehen, die eigene Arbeit hierfür als Beitrag zu definieren und entsprechend Sinn im eigenen Tun zu erkennen.

3.2.4 Rollen im Prozess definieren

Im Shopfloor-Management-Prozess gibt es verschiedene Rollen. Tabelle 4 zeigt einen Überblick dieser Rollen, die nachfolgend erläutert werden.

Im nachfolgenden Abschnitt wird insbesondere auf die Rollen des Shopfloor Managers und des Meisters eingegangen.

Shopfloor Manager/Hancho

Eine der zentralen Rollen ist die des Shopfloor Managers. Der Shopfloor Manager zeichnet sich dadurch aus, dass er im Team eingebunden und somit noch näher an den Mitarbeitern ist. So gelingt ihm die Führung vor Ort noch unmittelbarer, da er ständig vor Ort sein soll (vgl. Hurtz/Stolz 2013, S. 201 f.).

Erfahrungsgemäß sollten Shopfloor Manager nur 40 bis 50 % der Zeit regulären Tätigkeiten als Teammitglied nachgehen und die anderen ca. 50 % für die Aufgaben des Shopfloor Managers bereithalten. Dazu zählt die Motivation der Teammitglieder, aber auch das Trainieren der Mitarbeiter in seiner Rolle als Prozessverbesserer sowie eine ständige Beobachtung der Prozesse hinsichtlich möglicher Verbesserungen. So ist eine wichtige Aufgabe des Shopfloor Managers das Anstoßen von Verbesserungsprozessen (siehe auch Tabelle 4).

	Shopfloor Manager/ „Hancho"	Meister/ „Sensei"	Linienverantwortlicher Produktion
Definition	• Führungskraft auf Teamleiterebene • Entspricht Gruppenleiter • Fachliche Weisungsbefugnis • Coach des Teams	• Spezialist im jeweiligen Fachgebiet • Unternehmer im Verantwortungsbereich • Ausbilder	• Führt Team von außen mit disziplinarischer Weisungsbefugnis
Aufgaben	• Zuständig als Prozessbeobachter für die kontinuierliche sowie tägliche Verbesserung innerhalb des Teams • Problemlösung mittels PDCA • Standards entwickeln und überwachen • Motivation der Teammitglieder	• Führt Shopfloor Manager und deren Teams und entwickelt diese laufend weiter • Zuständig für nachhaltige Problemlösung	• Delegiert Verantwortung • Organisation der Produktion und des Teams • Weist Team in Aufgaben ein und teilt diese zu
Ziele	• Steigerung von Produktivität und Qualität • Bindeglied zwischen Meistern und Mitarbeitern • Verbesserungsprozesse anstoßen, dokumentieren und gegebenenfalls neue Standards definieren	• Nachhaltige Problemlösung und Weiterentwicklung der Shopfloor Manager und Teams	• Sicherstellung eines reibungslosen Produktionsablaufs

Tabelle 4: *Rollen im SFM*

> Der Shopfloor Manager fungiert als Coach und Mentor des Teams und verfügt über die fachliche Weisungsbefugnis. Er hat sozusagen „alle Fäden in der Hand".

Weiterhin kann der Shopfloor Manager direkt mit seinen Teammitgliedern vor Ort über Verbesserungsvorschläge diskutieren, ein Feedback darüber geben und den Vorschlag am Shopfloor Board dokumentieren. Bei Führungskräften, die nicht vor Ort sind, ist dieser Prozess ungleich langwieriger.

Fernerhin kann der Shopfloor Manager regelmäßig Abweichungen der Prozesse vom Soll ermitteln und dokumentieren sowie gegebenenfalls neue Standards definieren (vgl. Hurtz/Stolz 2013, S. 75). Bei Abweichungen, die auf den Mitarbeiter zurückzuführen sind, sind diese durch den Shopfloor Manager zu minimieren. Bei Abweichungen, die im Prozess begründet liegen, sind entsprechende Methoden (beispielsweise PDCA-Zyklus) anzuwenden. So kann der PDCA-Zyklus (vgl. Abschnitt 6.2.2) auch durch den Shopfloor Manager durchgeführt werden. Dabei sollte der Shopfloor Manager als Führungskraft den Mitarbeitern auf Augenhöhe begegnen.

Die zentralen Unterschiede zwischen einem Shopfloor Manager und einer klassischen Linienfunktion, wie z. B. einem Teamleiter Produktion, liegen darin, dass der Shopfloor Manager Teil des Teams ist. Weiterhin besitzt der Shopfloor Manager nur eine fachliche, jedoch keine disziplinarische Weisungsbefugnis und kann, im Gegensatz zum Teamleiter, keine Verantwortung delegieren (vgl. Hurtz/Stolz 2013, S. 65 f.).

Im Shopfloor Manager können Parallelen zu der Rolle des „Hancho" gesehen werden. Hancho ist definiert als eine Führungskraft auf Teamleiterebene, die als Prozessbeobachter für die kontinuierliche sowie tägliche Verbesserung innerhalb ihres Teams zuständig ist.

> Ein „Hancho" ist für den Verbesserungsprozess innerhalb eines Teams verantwortlich. Zentral dabei ist, die Problemlösungskompetenz der Mitarbeiter zu stärken.

Durch die Einführung einer Hancho-Funktion zielt ein Unternehmen darauf ab, Produktivitäts- sowie Qualitätssteigerungen zu erreichen. So nehmen Hurtz und Stolz den Hancho als Vorbild für ihren Shopfloor Manager, welcher ein Team von innen führt, und grenzen diesen, wie angeführt, von einem „Teamleiter Produktion" ab (vgl. Hurtz/Stolz 2013, S. 64 f.). Diese Auffassung ist jedoch strittig, da der Hancho auch als das japanische Äquivalent für den Teamleiter angesehen wird. An dieser Stelle scheint es, als dass den Begrifflichkeiten kein einheitliches Verständnis zugrunde liegt und somit der „Teamleiter Produktion" gegebenenfalls auch als Abteilungsleiter angesehen werden kann. Grundsätzlich hat ein Hancho jedoch die Aufgabe, die Qualität und die Standards laufend zu überwachen und kontinuierlich zu verbessern.

Dazu soll er seine Mitarbeiter so weit fördern, dass diese Lösungen für Probleme selbst entwickeln und schließlich umsetzen. Dabei agiert er auf der untersten Führungsebene als Bindeglied zwischen den Meistern und den Mitarbeitern.

Meister/Sensei

Industriemeister in Deutschland führen in den meisten Fällen den größten Teil der Mitarbeiter in der Produktion. Aufgrund dieser Tatsache ist es wichtig, dass diese immer in Entscheidungen eingebunden werden, da sie durch die Vielzahl der geführten Mitarbeiter direkten Einfluss auf den Erfolg von Konzepten haben können.

> Meister sollten befähigt sein, den Verbesserungsprozess nachhaltig zu fördern.

So sollten Meister frühzeitig in neuen Methoden und Konzepten geschult werden. Auch sollten sie nach Möglichkeit so eingesetzt werden, dass sie bei plötzlich auftretenden Problemen schnell zur Verfügung stehen. Weiterhin sollten sie sorgfältig ausgewählt und für Problemlösungsprozesse qualifiziert werden, um für eine nachhaltige Problemlösung sorgen zu können.

Zu der speziellen Qualifizierung kann zudem ein Beherrschen der Arbeitsvorgänge des eigenen Teams wie die der Nachbarteams angesehen werden, um ein Problem nicht nur punktuell zu lösen, sondern durch die Prozessbeziehungen mögliche Ursachen oder Folgen abschätzen zu können.

Die Aufgaben eines Meisters sollten außerdem beinhalten, dass Mitarbeiter und Teams laufend weiterentwickelt werden, dass die übergeordneten Ziele des Unternehmens und der eigenen Prozesse im Zusammenhang mit den anderen Prozessen von den sich selbst managenden Mitarbeitern verstanden werden.

> Die japanische Begrifflichkeit des Meisters ist der „Sensei". Teilweise wird der Sensei jedoch schlicht als „Lehrer" verstanden.

Ein Sensei unterrichtet zum einen am Anfang beispielsweise bestimmte Techniken, zum anderen aber auch, vor allem in einem späteren Verlauf, die Fähigkeit, dass der Unterrichtete neue Möglichkeiten entdeckt. Dazu bedient er sich beispielsweise des „Gemba Walk", bei dem ein Sensei mit dem Schüler zusammen die Produktion begeht und dabei gezielte Fragen stellt, um den Schüler anzuregen, selber über die Gegebenheiten nachzudenken. Dadurch soll zum einen ein höheres Verständnis für die Tätigkeiten entwickelt und zum anderen ein höherer Lerneffekt erzielt werden (vgl. Mann 2010, S. 122 ff.).

3.2.5 Fehler positiv bewerten

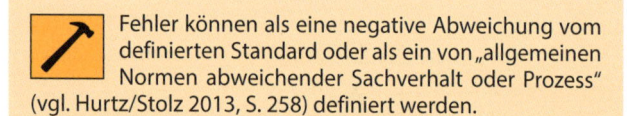

> Fehler können als eine negative Abweichung vom definierten Standard oder als ein von „allgemeinen Normen abweichender Sachverhalt oder Prozess" (vgl. Hurtz/Stolz 2013, S. 258) definiert werden.

Als Fehler werden also solche Sachverhalte erachtet, die zum einen von definierten Standards abweichen und zum anderen gleichzeitig keine Verbesserungen sind.

Ein wichtiger Aspekt eines erfolgreichen SFM ist, dass der Fokus darauf gelegt wird, wie man Fehler zukünftig vermeiden kann, und nicht darauf, wer einen Fehler zu verantworten hat. Nach Hurtz und Stolz sollte SFM die „Kultur des Denkens und Handelns" eines Unternehmens hinsichtlich des Umgangs mit solchen Fehlern und Problemen insofern verändern, als dass diese als Ausgangspunkt für Optimierungen angesehen werden und somit die Chance bieten, Verbesserungen zu erreichen. Mitarbeitern sollte mehr zugetraut werden!

> Fehler bilden die Basis für Verbesserungen und sind nicht von vorneherein negativ zu bewerten.

Durch eine solche „positive Fehlerkultur", in der Mitarbeiter Fehler machen dürfen und diese nicht vertuschen müssen, kann eine Kontrolle (beispielsweise durch visuelle Hilfsmittel) als weit weniger negativ betrachtet werden.

Entsprechend müssen Führungskräfte vorleben, dass Fehler etwas Positives zur Folge haben können. So dürfen Fehler und deren Meldung keinesfalls Sanktionen nach sich ziehen, sondern müssen sogar in gewissem Maße gefordert werden. Führungskräfte sollten bereit sein, den Mitarbeitern vorzuleben, dass das Anzeigen von Problemen gewünscht ist und dass die Führungskraft anschließend bereit ist, bei der Beseitigung von Problemen Unterstützung zu leisten. Dies kann ebenfalls im Rahmen der täglich stattfindenden Meetings am Shopfloor Board möglich sein.

Wichtig ist jedoch nicht die Suche nach dem Schuldigen für den Fehler, sondern die Suche nach den wahren Ursachen. Fehlerquellen sollten also genau analysiert und Prozesse aus den Erkenntnissen heraus so gestaltet werden, dass entstandene Fehler zukünftig nicht mehr möglich sind.

Unter der Annahme, dass Systeme und Prozesse weit mehr Fehler verursachen als Menschen, soll es den Mitarbeitern leichter fallen, durch eine positive Fehlerkultur Verbesserungen anzustreben.

> **Schnelle Problemaufdeckung**
> Je schneller Sie Probleme aufdecken, desto schneller wird das System so angepasst, dass die Fehler zukünftig nicht mehr auftreten. 90 % der Fehler werden nicht direkt durch menschliches Versagen, sondern durch falsche Prozesse in der Organisation verursacht!

Fehler sollten dabei nach Möglichkeit immer von denjenigen behoben werden, in deren Bereich sie anfallen, da sie diejenigen sind, die sich am besten im jeweiligen Gebiet auskennen.

Bei abteilungs- und bereichsübergreifenden Fehlern können im Sinne der totalen Optimierung bei Bedarf alle Beteiligten eingebunden werden.

Im Rahmen eines zunehmenden Selbstmanagements der Mitarbeiter kann sich die Fehlerwahrscheinlichkeit zunächst erhöhen. Wie jedoch dargestellt, kann dies letztlich der Ausgangspunkt für Verbesserungen sein bzw. als solcher angesehen werden.

So zeigt sich auch in der Praxis, dass die positive Fehlerkultur als der wichtigste Faktor im SFM angesehen wird, wenngleich Unternehmen oft mit der Umsetzung hinter ihren Plänen zurückliegen.

4 Transparenz

Das zweite Hauptelement des SFM in Bild 1 ist „Transparenz".

4.1 Visualisierung als zentrales Mittel der Informationsdarstellung

WORUM GEHT ES?

Visualisierung spielt eine wichtige Rolle für die Entwicklung des SFM. Die beschriebene Herausforderung liegt häufig darin, dass es sich bei den indirekten Prozessen, d. h. z. B. bei den Managementaktivitäten in Büros, in der Regel um Informationsprozesse handelt. Auf dem Shopfloor sind Prozesse allerdings weitestgehend auf materielle Prozesse ausgerichtet, und im Bereich der Führung ist die Thematik einer Übersicht direkt auf dem Shopfloor oder für Bürotätigkeiten kaum vorgedrungen. Demnach muss für erfolgreiches SFM ein effizienter Informationsfluss sichergestellt werden.

Zu berücksichtigen ist an dieser Stelle, dass der Mensch in seinem Ursprung darauf ausgelegt ist, Informationen auf einer nonverbalen Ebene aufzunehmen und zu vermitteln. Folglich bildet der Einsatz von Visualisierungsmöglichkeiten eine elementare Basis für das SFM, um einen effektiven Informationsaustausch zu garantieren.

> **Visualisierung**
> Die Visualisierung von Prozessen kann lediglich der Beginn Ihres SFM sein!

WAS BRINGT ES UND WIE GEHE ICH VOR?

Die moderne technische Welt vermittelt Informationen vornehmlich in Zahlen und Buchstaben und generiert damit eine Informationsflut, die die menschlichen Informationsverarbeitungsprozesse nicht zur Genüge berücksichtigt. Dem liegt zugrunde, dass der technische Fortschritt sich in den letzten 100 Jahren mit einer enormen Geschwindigkeit entwickelt hat, wohingegen die menschlichen Instinkte nicht mithalten konnten. Die Fähigkeiten des Menschen sind primär darauf ausgelegt, „visuelle Informationen schnell in sachliche, logische Zusammenhänge zu bringen und sofort gezielt Aktivitäten daraus abzuleiten" (vgl. Dickmann 2009).

Visuelles Management greift diese Problematik auf und verfolgt das Ziel, Informationen effektiv zu vermitteln. Demnach verbirgt sich hinter diesem Begriff nichts anderes als jede Art der visuellen Darstellung von Zielen, Standards und Vorgaben, bei der die textbasierte Informationsvermittlung nur noch eine untergeordnete Rolle spielt.

Visualisierung stellt allerdings nicht nur eine Kommunikationsbasis im SFM dar, sondern ist auch ein elementarer Bestandteil der Standardisierung und kontinuierlichen Verbesserung. So trägt visuelles Management für alle Beteiligten dazu bei, Transparenz bezüglich standardisierter Prozessvorgaben zu schaffen, Abweichungen sichtbar zu machen und eine frühzeitige Einleitung von Präventivmaßnahmen zu garantieren. Demnach ist es essenziell, Soll-Zustände festzulegen, die durch einfache Markierungen, Schattenflächen etc. visuell erfasst werden können.

Weiterhin kann die Visualisierung von Tatbeständen eine Signalwirkung nach sich ziehen: Neben der Darstellung von Fortschritten, welche sich motivierend auf die Mitarbeiter auswirken, kann sie ebenso Probleme offenlegen.

Folglich trägt die visuelle Informationsvermittlung auch zur Mitarbeitermotivation sowie -einbindung bei, da den Mitarbeitern relevante Unternehmensinformationen zur Verfügung gestellt werden.

> **Kommunikation**
> Probleme entstehen heutzutage oftmals, weil Menschen aufgrund einer zunehmenden Anwendung von IT-Systemen im Unternehmen nicht mehr ausreichend Face-to-Face oder per visuellen Tools miteinander kommunizieren. Gespräche auf dem Shopfloor oder werksübergreifend z. B. mit einer Videokonferenz sind sinnvoll!

Dadurch, dass beispielsweise Arbeitsanweisungen am jeweiligen Ort visualisiert vorliegen, wird vermieden, dass sich Mitarbeiter lange Berichte oder Texte durchlesen müssen. So können Mitarbeiter im Arbeitsprozess immer wieder auf die sich selbst erklärenden Arbeitsanweisungen zurückgreifen, ohne dass zunächst das Durchlesen langer Dokumentationen nötig ist. Dafür sollen Grafiken und Farben benutzt werden, die eindeutige Informationen schnell vermitteln (wie beispielsweise bei einer Ampel).

Allerdings reicht die Visualisierung alleine nicht aus, vielmehr muss die Visualisierung die Grundlage für weitere Aktionen werden. Dies verlangt von den Führungskräften ein aktives Handeln bei Problemen. Visualisierung kann z. B. für die Auftragssteuerung (z. B. Mitarbeiterbelegung), Prozessabläufe und -zustände (z. B. Standardarbeitsblätter und Andon vgl. Abschnitt 6.2.6) sowie für die Sauberkeit und entsprechende Ordnung der Arbeitsbereiche angewendet werden.

Eine solche dadurch erreichbare Transparenz wird als sehr wichtig zur Erreichung der Perfektion eines schlanken Denkens angesehen. Transparenz soll das Entdecken von besseren Möglichkeiten der Wertschöpfung möglich machen. Weiterhin tragen visuelle Hilfsmittel, wie Diagramme, Fotos etc., zu einer verbesserten Kommunikation bei. Visual Management soll ein Schlüsselelement der täglichen Steuerung zur Erreichung von Zielen sein und eine „proaktive Interaktion" der Mitarbeiter mit Vorgesetzten in Gang bringen. Somit scheint es logisch, dass solche Hilfsmittel im SFM, z. B. bei den regelmäßigen Meetings, Anwendung finden.

4.2 Der Shopfloor als zentraler Kommunikationspunkt

WORUM GEHT ES?

Eines der Elemente des SFM besteht darin, dass Führungskräfte regelmäßig, z. B. im Rahmen fest eingeplanter und möglichst täglich stattfindender Termine, Zeit in der Produktion oder in der administrativen Abteilung verbringen. Die Meetings an dem Ort durchzuführen, an dem Probleme auftreten und gelöst werden, sind ein zentraler Aspekt von SFM.

WAS BRINGT ES?

Der Grund dafür, die Meetings stets am Ort des Geschehens durchzuführen, liegt darin begründet, dass Führungskräfte meist durch unzählige Termine, E-Mail-Verkehr etc. so weit eingespannt sind, dass sie häufig nur selten am Ort des Geschehens präsent sind. Durch die geregelte Anwesenheit soll die Kommunikation sowohl zwischen den Mitarbeitern als auch mit den Führungskräften deutlich erhöht werden. Wenngleich durch geregelte Meetings keine Garantie der Anwesenheit gegeben ist, so ist die Wahrscheinlichkeit jedoch deutlich erhöht.

Darüber hinaus wird durch die Anwesenheit der Führungskräfte am Ort des Geschehens auch ein vertrauensvolleres Verhältnis zur jeweiligen Führungskraft entstehen!

> Genauso wie in der Produktion sollten auch in den administrativen Bereichen eines Unternehmens feste SFM-Meetings zum Arbeitsstandard gehören. Durch das SFM sind die Mitarbeiter in der Lage, eigenständiger zu arbeiten und damit eine Steigerung von Kommunikation und Transparenz zu erzielen.

Diese Transparenz ermöglicht damit den Führungskräften einen schnellen und einfachen Überblick über den Ist-Zustand, aktuelle Ziele, Probleme und Aufgaben. SFM ist also nicht ausschließlich auf die Produktionsfläche beschränkt, sondern lässt sich beliebig auf jede Abteilung adaptieren.

WIE GEHE ICH VOR?

4.2.1 Meetings durchführen

Täglich durchgeführte und klar strukturierte Besprechungen, die einem definierten Ablauf folgen, sind zentraler Bestandteil eines erfolgreichen SFM. Meetings am Shopfloor sollten optimalerweise nicht länger als 15 Minuten dauern und als Stand-up-Meeting stattfinden. Je kürzer und prägnanter, umso besser.

Dabei kann das Meeting z.B. in jeweils drei mal fünf Minuten unterteilt werden:

- Besprechung der aktuellen Kennzahlen,
- Besprechung aktueller wichtiger Aktivitäten und Planungen,
- Prozessverbesserungen und Projekte.

Dadurch sollte eine „Regelkommunikation" etabliert werden. Diese kann beinhalten, dass Mitarbeiter und Führungskräfte stets anwesend sind und der Kreis der Teilnehmer je nach Bedarf ausgeweitet werden kann. Zu den festzulegenden Aspekten gehören dann:

- die Teilnehmer des Gesprächs,
- der Zeitpunkt des Gesprächs,
- die Dauer des Gesprächs,
- der Ablauf des Gesprächs.

Es sollte auch immer besprochen werden, was seit dem letzten Meeting passiert ist, was bis zum nächsten Meeting passieren kann oder muss und wo gegebenenfalls Probleme auftreten können.

Wichtig ist aber auch dabei eine klare Agenda bzw. ein genau definierter Ablauf.

> *Beispiel:*
> Was?: Tägliches Treffen
> Dauer und wann?: 15 min, jeden Tag um 8:00 Uhr
> Wer?: Führungskraft + Mitarbeiter
> Wie?: Alle stehen vor dem SFB
> Wo?: In der Gruppe oder Abteilung

Um die Zeit bestmöglich zu nutzen, sollte kurz präsentiert und moderiert werden. Dazu kann ein übersichtlicher One-Pager, z.B. am SFB oder Flipchart, genutzt werden. Somit werden schnell und prägnant lediglich die relevanten geplanten Fortschritte angesprochen.

Der Betrachtungsumfang, also der Umfang der zu betrachtenden Informationen auf dem SFB, sowie die Zyklen der Meetings können je nach Bedarf auch angepasst werden.

Bei Unternehmen, die eine Massenfertigung betreiben, bietet es sich an, regelmäßigere Treffen stattfinden zu lassen, wohingegen bei Unternehmen mit Einzelfertigung die Zyklen etwas länger dauern können.

Auch eine stufenweise Verdichtung von Informationen und versetzt stattfindende Besprechungen sind denkbar. Ebenso ist ein Treffen zu Beginn und Ende einer Schicht vor diesem Hintergrund möglich.

> **Moderation des SFB**
> Der jeweilige Moderator in Meetings am SFB sollte im Vorfeld durch einen erfahrenen Coach an die Hand genommen werden und im Hinblick auf Zeitmanagement sowie Konfliktlösung gut ausgebildet werden!

Wichtig bei den stattfindenden Meetings ist es, dass verschiedene Bereiche vertreten sind. Dies kann z. B. das Qualitätsmanagement, die Instandhaltung oder die Logistik sein. Durch die Anwesenheit anderer Fachbereiche wird es ermöglicht, Probleme schneller zu kommunizieren und somit schneller zu lösen. Die Teams der täglichen Treffen sollten zum Teil auch hierarchieübergreifend zusammengesetzt werden, also dass z. B. die Produktionsleitung anwesend ist.

Um die verschiedenen Hierarchiestufen voneinander abgrenzen zu können, können auch in jeder Stufe verschiedene SFB (vgl. Kapitel 5) eingesetzt werden, die je nach Hierarchieebene oberflächlichere oder detailliertere Informationen enthalten. Dadurch ergibt sich die Möglichkeit, Probleme im Rahmen des Gesamtkontextes eines Unternehmens zu betrachten und zu diskutieren und somit ganze Prozesse zu betrachten.

> **Pflegeaufwand SFB**
> Bedenken Sie beim Aufbau Ihrer SFB-Struktur immer auch den daraus resultierenden Pflegeaufwand.

Im Sinne von Hoshin Kanri (vgl. Kapitel 3) sorgt dies schließlich für die „Verminderung von Grenzproblemen", beispielsweise zwischen Angestellten und mittlerem Management oder zwischen mittlerem Management und Topmanagement (vgl. Suzaki 1994, S. 70 f.). Es werden also Probleme an den Schnittstellen zwischen Bereichen oder Hierarchieebenen gemindert. Dies kann dadurch verstärkt werden, dass Führungskräfte die Mitarbeiter ständig über die Vision/Mission eines Unternehmens sowie aktuelle Entwicklungen unterrichten.

Der Vorteil der kurzzyklischen Meetings besteht darin, dass entsprechende Fehler und Probleme frühzeitig erkannt und gelöst werden, da mithilfe aussagekräftiger Kommunikation die Auswirkungen der Fehler und die damit einhergehende Verschwendung von Ressourcen begrenzt werden können. Dringende Probleme, die in den Besprechungen erkannt werden, können und sollten dann zeitnah durch entsprechende Maßnahmen, wie z. B. Workshops, behoben werden.

Durch die Möglichkeit des regelmäßigen Austauschs zwischen Führungskräften und Mitarbeitern erhalten darüber hinaus talentierte Mitarbeiter, die vielleicht sonst weniger auffallen würden, die Möglichkeit, sich positiv darzustellen, sodass es den Führungskräften leichter fällt, zu selektieren, welche Mitarbeiter förderungswürdig sind.

> Auch wenn die detaillierte Ausgestaltung der Meetings und der Teilnehmerkreis variieren können, so ist es jedoch wichtig, diese Meetings fest in den Tagesablauf der beteiligten Personen zu integrieren und sie gleichzeitig strukturiert und nach einem fest eingeplanten Ablauf stattfinden zu lassen.

Gelingt es, eine entsprechende Kultur mit täglichen Kurzmeetings in ein Unternehmen zu implementieren, so kann SFM einen deutlichen Beitrag zur Verbesserung im Unternehmen beisteuern. Durch dieses System soll die Motivation der Beteiligten durch eine entsprechende Gruppendynamik erhöht werden, da sich die Personen in diesen Meetings auf Ziele verständigen und diese wöchentlich mit den Ist-Zuständen abgeglichen werden. Auch in diesem Bereich wird das regelmäßige Kommunizieren aller Projektbeteiligten als Hauptgrund angesehen, dass die Zuverlässigkeit und die Qualität gesteigert werden.

4.2.2 Feedback geben

Feedback, ob positiv oder negativ, ist wichtig, um den Mitarbeitern zu vermitteln, wo sie stehen. Durch ein sowohl kontinuierliches als auch angemessenes Feedback sollen Mitarbeiter angeregt werden, weitere Verbesserungen zu realisieren. Um diese regelmäßigen Rückmeldungen umzusetzen, ist es nötig, dass Führungskräfte am Ort des Geschehens anwesend sind. Dabei sollte eine „wertschätzende" Kultur herrschen, bei der betont wird, dass die Menschen das Wichtigste in der Produktion sind.

> 👍 Feedback sollte immer auf sachlicher, nie auf persönlicher Ebene gegeben werden!

Die Aufgabe des Feedbackgebens kann z. B. durch den Shopfloor Manager erfolgen.

Des Weiteren sollten Fehler in Form von Feedback besprochen werden, wobei jedoch Fehler immer als Möglichkeiten zu Verbesserungen angesehen werden. Weiterhin kann der Output eines Prozesses als Feedback angesehen werden, der über die Leistung des Prozesses Auskunft gibt und gleichzeitig Ausgangspunkt dafür ist, den Prozess zu verbessern.

Eine Studie der Yokohama National University belegt, dass Feedback als eine Form von Kommunikation in der Produktion, welches auf Grundlage ausgestellter Kennzahlen wie „defect rates" gegeben wird, einen Einfluss auf die Qualität hat (vgl. Zeng/Chi Anh/Matsui 2013). Auch belegen Studien, dass selbst Feedback, welches nur durch zur Verfügung gestellte Informationen gegeben wird, einen positiven Einfluss auf die Leistung der Mitarbeiter hat. Somit ist es empfehlenswert, dass Führungskräfte vor Ort anwesend sind, um regelmäßig Feedback zu geben. Dies kann beispielsweise im Rahmen der täglich stattfindenden Meetings umgesetzt werden.

> 👍 Nutzen Sie situatives Feedback, also wenn Ihnen direkt etwas auffällt, was gut oder eher nicht so gut läuft in jeder Lage. Fangen Sie dabei im privaten Bereich an und entwickeln Sie sich zu einem Feedback Promoter in Ihrem Unternehmen!

4.2.3 Glass Wall Management anwenden

Im Gegensatz zu dem traditionellen „Black Box Management", bei dem wenige Führungskräfte des Topmanagements an der Spitze eines Unternehmens alleine die Entscheidungen treffen, wählen progressivere Betriebe das „Glass Wall Management" (vgl. Suzaki 1994, S. 55).

> Der Begriff „Glass Wall" impliziert eine offene Kommunikation. So sind zentrale Elemente des Glass Wall Managements, dass alles offengelegt wird und dass sich über den Fortschritt ausgetauscht wird.

Gleichzeitig kann Glass Wall Management durch die Schaffung von Transparenz auch als problemlösendes Werkzeug angesehen werden.

Entsprechende Betriebe zeichnen sich dadurch aus, dass Informationen mit anderen geteilt werden und mehr Menschen in Entscheidungen miteinbezogen werden. Dies soll es einerseits ermöglichen, das Wissen vieler zu nutzen, andererseits aber dafür sorgen, dass sich Mitarbeiter stärker im Sinne von Selbstmanagement selber organisieren können, da sie über das nötige Wissen verfügen.

Im Sinne von Glass Wall Management sollen alle relevanten Informationen wie beispielsweise wichtige Managementinformationen am Shopfloor ausgetauscht und Prozesse grafisch dargestellt (visualisiert) werden. Dazu zählen z. B. Qualitätskennzahlen oder Kundenreklamationen. Dadurch soll erreicht werden, dass alle die aktuelle Situation besser einschätzen können.

Die zentralen Vorteile des Glass Wall Managements gegenüber dem Black Box Management liegen darin, dass die

Kreativität und Talente aller Mitarbeiter genutzt werden und die Fertigkeiten der Mitarbeiter steigen, was sie und somit das Unternehmen konkurrenzfähiger machen.

> Ein Außenstehender sollte ohne Kenntnis über den Betrieb die Aktivitäten am Shopfloor durch die visualisierten Sachverhalte und die räumliche Anordnung von Materialien und Maschinen ohne weitere Erläuterung verstehen. Wenn Sie das erreicht haben, dann ist Ihr Glass Wall Management effektiv!

5 Kennzahlen zum Führen

Als drittes Hauptelement des SFM ist in Bild 1 das Themengebiet „Kennzahlen zum Führen" zu sehen.

5.1 Verdichtung der Realität

WORUM GEHT ES?

Jedes Unternehmen verfolgt strategische, operative und taktische Ziele, zu deren Realisierung geeignete Maßnahmen vom Unternehmen zu planen sind. Die einzelnen Maßnahmen beeinflussen sich gegenseitig und müssen aufeinander abgestimmt sein. Für die monatlichen, wöchentlichen oder tagtäglichen Kontrollen der Strategien und Maßnahmen können Kennzahlen eingesetzt werden.

> Nach der Definition von Jürgen Weber und Utz Schäffer sind „Kennzahlen quantitative Daten, die als bewusste Verdichtung der komplexen Realität über zahlenmäßig erfassbare betriebswirtschaftliche Sachverhalte informieren sollen" (Weber/Schäffer 2000). Aber erst mit Vergleichswerten bzw. Benchmarks können sie aktiv genutzt werden.

WAS BRINGT ES?

Im praktischen Einsatz müssen belastbare Kennzahlen genutzt werden, dies ist hierbei die Basis, um nachhaltig und effizient seine Prozesse insbesondere mithilfe des SFM zu optimieren. Diese müssen tagesaktuell übermittelt werden, um als geeignetes Steuerungselement zu dienen.

Die Vielzahl der ungefilterten Daten in aussagekräftige Informationen zu komprimieren, ist die größte Herausforderung. Auf Basis dieser Informationen können in allen Unternehmensbereichen, wie z. B. in einer Montagegruppe oder gar in Abteilungen, belastbare Entscheidungen getroffen werden.

Hierbei gilt es, geeignete Kennzahlen für den jeweiligen Anwendungsbereich zu definieren. Beispielsweise haben Produktionsmitarbeiter eher ein geringeres Interesse an betriebswirtschaftlichen Kennzahlen wie dem „Return on Investment" (ROI). Ihr Interesse gilt vielmehr den eigenen Leistungsdaten, wie z. B. der Ausschussquote oder der tatsächlich produzierten Mengen pro Schicht.

Somit werden die Unternehmensziele mithilfe der Kennzahlen auf die jeweiligen Ebenen zur besseren Verständlichkeit heruntergebrochen. Dies ermöglicht es jedem Mitarbeiter, einen Beitrag zum gesamten Unternehmenserfolg zu leisten.

Auch die Kennzahlen werden auf einem Shopfloor Board visualisiert.

> **Kennzahlenfunktionen**
> Kennzahlen übernehmen vier wichtige Funktionen:
> - Die Organisation auf das Wesentliche fokussieren,
> - Ziele setzen,
> - Perioden vergleichen, Prozessleistungen messen und Abweichungen ausdrücken,
> - Identifikation von Optimierungspotenzialen unterstützen: Wo sollten wir Prozessverbesserung vorantreiben?

WIE GEHE ICH VOR?

Mögliche Kennzahlen sind genau zu definieren. Dazu gehört z. B., woher die Zahlen stammen, wie sie dargestellt, wie sie berechnet und in welchem Rhythmus sie von welcher Person visualisiert werden. Die Datengrundlagen sollten verlässlich und wiederholbar zu ermitteln sein. Weiterhin stellen Zahlen, Daten und Fakten im Rahmen von standardisierten Kommunikationsabläufen eine gute Grundlage dar, Diskussionen sachlich und objektiv zu führen.

Kennzahlen sollten aus den Unternehmenszielen auf die jeweilige Prozessebene abgeleitet werden. Dadurch kann sichergestellt werden, dass das übergeordnete Ziel im Fokus steht und die Prozesse kundenorientiert ausgerichtet werden (vgl. Kapitel 3).

Die Ausrichtung der Kennzahlen an Zielen und eine damit einhergehende transparente Erfolgskontrolle werden auch in der Praxis als wichtige Aspekte für die Umsetzung von SFM angesehen. Es bietet sich an, zusammen mit den Mitarbeitern Ziele zu definieren und anschließend die Kennzahlen auszuwählen, die den Zielerreichungsgrad messbar machen. Eine weitere Möglichkeit, Kennzahlen zu definieren, besteht darin, interne Kunden zu befragen, ob die Prozesse erfolgreich sind oder nicht.

> **Kennzahlenrelevanz**
> Wichtig ist, dass erhobene Kennzahlen für den jeweiligen Bereich relevant sind und auch zu den strategischen Kennzahlen des Unternehmens passen!

Darüber hinaus müssen Kennzahlen aussagekräftig sein. Basiskennzahlen können Durchlaufzeiten, Reaktionszeiten oder Fehlerraten sein. Typische weitere Kennzahlen sind beispielsweise die Rüstzeit, Verschwendung, Kapazitätsauslastung, Anlagenverfügbarkeit oder Verbesserungen. Durch Kennzahlen können also mögliche Abweichungen von Standards ermittelt und sichtbar gemacht werden.

Um Abweichungen von Prozessen schnell zu erkennen, ist es hilfreich, diese mit geeigneten Mitteln, wie z.B. Kennzahlen, zu visualisieren. Dies ermöglicht es Führungskräften sowie Mitarbeitern, ohne große Verzögerungen mögliche Fehlentwicklungen zu erkennen. Zudem sollten solche Visualisierungen, wenn möglich, kurzzyklisch dargestellt werden. So werden im Rahmen von Shopfloor Management alle wichtigen Zahlen, Daten und Fakten visualisiert.

Eine solche visuelle Kontrolle, welche ein Synonym für Transparenz ist, umfasst neben Kennzahlen auch andere Mittel, die den Beteiligten eine schnelle Übersicht über ein System verschaffen. Visuelle Kontrolle kann so auch das Aushängen von „Arbeits-Charts" in der Produktion bedeuten (vgl. Womack/Jones 1997, S.151). Weiterhin zählen zu visuellen Kontrollen z.B. 5S, Andon Boards und Grafiken, welche die gemessenen Werte darstellen.

Die Anwendungen können variieren, wichtig ist, dass der Stand der Produktion verständlich dargestellt ist. So kann jedem Mitarbeiter deutlich gemacht werden, wo das Unternehmen oder ein Bereich zurzeit steht.

> Jeder Mitarbeiter sollte Zugriff auf die Informationen haben, die seinen Arbeitsbereich betreffen, um dort Optimierungen vornehmen zu können.

Abweichungen, Material- und Prozessflüsse sollten hauptsächlich bildlich und nicht textbasiert dargestellt werden.

Texte sollen, im Gegensatz zu der konventionellen Verwendung, nur als Ergänzung dienen.

Viele Unternehmen ermöglichen ihren Arbeitnehmern in der Produktion zwar einen Zugang zu Kennzahlen, jedoch ist es für sie oftmals schwierig, die Zusammenhänge der Kennzahlen zu verstehen und deren Bedeutung richtig zu interpretieren. Infolgedessen fehlen der Bezug zu den Kennzahlen und der Gedanke, sich und seine Leistung stetig zu verbessern. Der angestrebte Effekt kann erst erzielt werden, wenn ein Verständnis für die Zahlen vorliegt und die Mitarbeiter die Zusammensetzung verstehen. Dazu müssen die Vorgesetzten mit ihren Mitarbeitern sprechen, ihnen die Bedeutung erläutern und schließlich eine Verbindung zwischen Mitarbeiter und Kennzahl herstellen. Hier setzt das SFM ein. Damit können Unternehmen Zielwerte festlegen, die es zu optimieren gilt.

5.2 Kennzahlenübersicht

WORUM GEHT ES?

Bezug nehmend auf das SFM gibt es eine Vielzahl von Kennzahlen, die zur Steuerung und Kontrolle genutzt werden können. Dazu wurde im Jahre 2016 an der Hochschule Koblenz im Rahmen eines Dissertationsvorhabens eine Studie im Rahmen des Shopfloor Managements durchgeführt, wobei mehr als 125 Produktionsbetriebe teilgenommen haben und die gebräuchlichsten Kennzahlen ermittelt wurden. Bei jeder Kennzahl konnte zwischen sehr wichtig, wichtig, nicht wichtig, aber auch nicht unwichtig, eher wichtig und unwichtig gewählt werden (Bild 2). Für das Ranking wurden die absoluten Werte addiert.

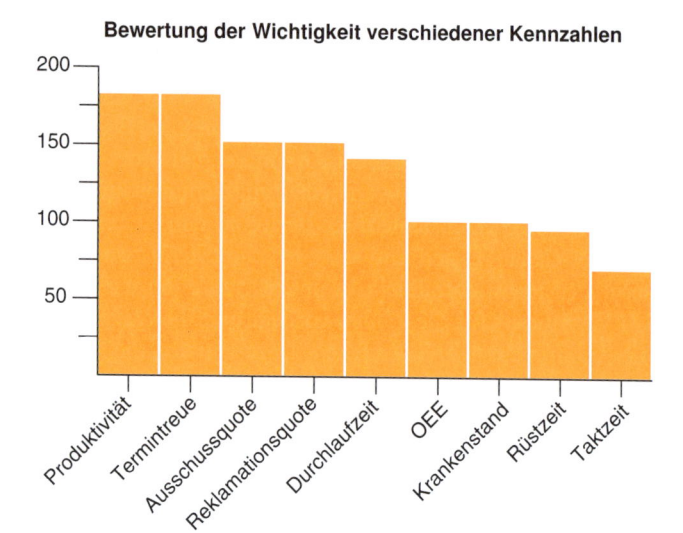

Bewertung der Wichtigkeit verschiedener Kennzahlen

(Balkendiagramm mit folgenden Werten:
Produktivität ~180, Termintreue ~180, Ausschussquote ~150, Reklamationsquote ~150, Durchlaufzeit ~140, OEE ~100, Krankenstand ~100, Rüstzeit ~90, Taktzeit ~70)

Bild 2: *Die Kennzahlen auf dem Shopfloor (Quelle: Hochschule Koblenz 2016)*

WAS BRINGT ES?

Die Auswahl von geeigneten Kennzahlen und deren regelmäßige Diskussion sind ein wichtiger Bestandteil bei der Einführung und Fortführung des Shopfloor Managements. Die Frage, welche Kennzahlen die Mitarbeiter am Shopfloor benötigten bzw. über was sie ständig informiert sein müssen, muss sich das Shopfloor Team eines jeden Unternehmens stellen.

> Kennzahlen unterstützen die Mitarbeiter, sich selbst zu steuern und selbstverantwortlich Produkte herzustellen.

Transparenz ist ein großer Vorteil, der sich aus Kennzahlen ergibt. Sie machen nicht nur Zahlen sichtbar, um beispielsweise einen Soll-Ist-Vergleich durchzuführen, sondern auch Probleme. Daher ist die Auswahl der richtigen Kennzahlen auch daran zu messen, welche Probleme sichtbar gemacht werden können, und vor allen Dingen, wer für die auftretenden Probleme verantwortlich gemacht werden kann.

5.3 Kennzahlendefinitionen und Formeln

5.3.1 Produktivität

Die Produktivität gibt Auskunft darüber, wie die eingesetzten Produktionsfaktoren im Unternehmen genutzt werden. In einem Unternehmen, welches mehrere Produkte herstellt, gibt es jedoch mehrere Produktionsfaktoren (z. B. Material, Arbeitsstunden), die bei der betrieblichen Leistungserstellung kombiniert werden. Ist die Produktivität sehr niedrig, können die Mitarbeiter einen Anreiz sehen, das Unternehmen zu verbessern. Eine hohe Produktivität kann dazu führen, dass sich die Mitarbeiter auf den Leistungen ausruhen und die Motivation sinkt.

> **Definition Produktivität**
> Gibt eine Auskunft über das wirtschaftliche Verhältnis von Input, welcher in Mengeneinheiten gemessen wird, und Output, der in Geldeinheiten angegeben wird (Arora/Krause 2008).
>
> **Formel:**
> ökonomische Outputgröße (Geldeinheiten) : ökonomische Inputgröße (Mengeneinheiten)

5.3.2 Termintreue

Um die Kundenzufriedenheit auf einem hohen Level zu halten, ist es essenziell, die Liefertermine pünktlich einzuhalten. Weiterhin spielt die Liefertermintreue nicht nur für die aktuelle Kundenzufriedenheit eine Rolle. Sie dient auch als wichtiges Auswahlkriterium für Kunden bezüglich Neu- oder Folgeaufträgen. Für das Unternehmen und für die Kunden bedeutet eine hohe Liefertermintreue, dass die innerbetrieblichen Prozesse gut aufeinander abgestimmt sind.

> **Definition Termintreue**
> Die Termintreue misst den Anteil der pünktlichen Lieferungen an der Zahl der Lieferungen insgesamt.
>
> **Formel (%):**
> Zahl der pünktlichen Lieferungen : Zahl der Lieferungen insgesamt · 100

5.3.3 Ausschussquote

Die Ausschussquote lässt unter anderem Rückschlüsse auf die aktuelle Phase der Produktion zu.

> **Definition Ausschussquote**
> Erzeugnisse, die für den nachgelagerten Prozess oder Verkauf endgültig nicht mehr verwendet werden können.
>
> **Formel (%):**
> (Ausschuss/Periode) : (Produktionsmenge/Periode) · 100

5.3.4 Reklamationsquote

Mit der Reklamationsquote wird neben dem Zufriedenheitsgrad auch die Servicequalität widergespiegelt und damit die Prozessqualität des After Sales Service bestimmt.

Ein Problem bei der Reklamationsquote sind unzufriedene Kunden, die ihre Beschwerde nicht an das Unternehmen weiterleiten. Daraus kann resultieren, dass die tatsächliche Anzahl an fehlerhaften Produkten weitaus höher ist, als die Kennzahl ausdrückt. Es wird in diesem Zusammenhang auch vom Phänomen des „Verärgerungseisbergs" gesprochen (vgl. Arora/Krause 2008). Hinter diesem Begriff steckt die Vermutung, dass sich nur ein kleiner Teil der verärgerten Kunden meldet, der überwiegende Teil bleibt – so wie der Eisberg – im Verborgenen.

Die Reklamationsquote gibt ähnlich wie die Ausschussquote keine Auskunft darüber, ob die Reklamation des Kunden berechtigt oder unberechtigt ist. Auch die Gründe für die Reklamation lassen sich nicht ableiten.

Die negativen Auswirkungen einer hohen Reklamationsquote sind neben den nicht zu beziffernden Imageschäden, auch Kunden- und Umsatzverluste.

Eine niedrige Reklamationsquote lässt auf funktionierende Prozesse und hohe Qualität im Unternehmen schließen.

Die Reklamationsquote kann auch als Anreizsteigerung verwendet werden. Voraussetzung hierfür ist, dass diese Quote allen beteiligten Mitarbeitern bekannt ist und auch die Veränderung im Laufe der Zeit dargestellt wird. Dazu bietet es sich an, die Reklamationsquote an zentraler Stelle zu visualisieren und laufend zu aktualisieren, über die eigene Qualität der Leistung.

> **Definition Reklamationsquote**
>
> Die Reklamationsquote dient dazu, die Anzahl der fehlerhaften Produkte aufzuzeigen. Es wird eine Auskunft darüber gegeben, mit welcher Wahrscheinlichkeit dem Kunden fehlerhafte Produkte ausgeliefert werden.
>
> **Formel:**
> Zahl der beanstandeten Fehllieferungen : Gesamtanzahl der Lieferungen · 100

5.3.5 Durchlaufzeit

In den meisten Fällen leisten Transport- und Liegezeiten einen hohen Beitrag zur gesamten Durchlaufzeit. Daher stellt sich bei der Durchlaufzeit die grundsätzliche Frage, wie diese auf ein Minimum verkürzt werden kann. Die genaue Durchlaufzeit ist meist nur den Schicht- und Produktionsleitern bekannt, da nur sie einen gesamten Überblick über die Produktion haben. Für Mitarbeiter sind die Transport- und Wartezeiten nur schwer abzuschätzen.

Die Visualisierung der Durchlaufzeit auf der Ebene der Produktionsmitarbeiter ist daher eher ungeeignet, da die Kennzahl, wenn sie mit den jeweiligen Soll- und Ist-Werten aufgezeigt wird, den Druck auf die Mitarbeiter erhöhen kann. Die Durchlaufzeiten sind von den Mitarbeitern selbst nur geringfügig beeinflussbar. Abweichende Zeiten können in den wenigsten Fällen von den Mitarbeitern korrigiert werden. Daher ist die Zielgruppe auf höheren Hierarchiestufen angesiedelt. Durch die Analyse der Durchlaufzeit kann den Schicht- und Produktionsleitern aufgezeigt werden, in welchen Prozessschritten Zeit vergeudet wird.

> **Definition Durchlaufzeit**
> Zeit, die bei der Produktion eines Produkts oder bei der Erstellung einer Dienstleistung zwischen dem Beginn des ersten Arbeitsvorgangs und dem Abschluss des letzten Arbeitsvorgangs verstreicht.
>
> **Formel:**
> Bearbeitungszeiten + Transportzeiten + Wartezeiten

5.3.6 Overall Equipment Effectiveness

Mit der Einführung von Total Productive Maintenance (TPM) in der Instandhaltung änderte sich auch die Bedeutung dieser Unternehmensfunktion. Die neue Aufgabe bestand darin, Produktivitätsverluste zu ermitteln und Verschwendung in der Produktion zu vermeiden. Mithilfe des Overall Equipment Effectiveness (OEE) können Produktivitätsverluste an Anlagen und Maschinen ermittelt sowie Schwachstellen aufgedeckt und behoben werden. Dies führt zu einer gesteigerten Produktivität und Verfügbarkeit der Maschinen.

Der in den 1960er-Jahren von Seiichi Nakajima entwickelte OEE ist eine umfassendere sowie zugleich komplexere Kennzahl. Durch den OEE kann analysiert werden, wie effektiv der aktuelle Produktionsprozess läuft. Dabei lässt sich schnell erkennen, in welchen Teilkategorien (Verfügbarkeit, Leistung und Qualität) das größte Verbesserungspotenzial liegt.

> **Definition Overall Equipment Effectiveness (OEE)**
>
> Dies ist eine Kennzahl, welche die Wertschöpfung einer Anlage definiert. Hierbei unterscheidet man zwischen dem OEE 1 und dem OEE 2. Der OEE 1 gibt die gesamte Auslastung der Anlage an, wohingegen der OEE 2 eine Aussage darüber gibt, wie gut die Maschinen in der Zeit laufen, in der sie laufen sollen.
>
> **Formel:**
> Qualitätsfaktor · Leistungsfaktor · Nutzungsfaktor

Werden die einzelnen Verlustquellen in Verfügbarkeits-, Leistungs- und Qualitätsgrad analysiert, dann können dadurch konkrete Lösungen entwickelt werden. Die Mitarbeiter sollten in die Betrachtungsweise und Entwicklung von Lösungen eingebunden werden, um den OEE stetig zu verbessern.

5.3.7 Krankenstand

Der Krankenstand ist die Standardkennzahl für das Gesundheitsmanagement im Betrieb. Dabei werden die Fehlzeiten der Mitarbeiter, die aufgrund von Krankheit ausfallen, erfasst. Da es sich beim Krankenstand um eine Standardkennzahl handelt, ist sie in den meisten Unternehmen gut dokumentiert und verursacht keinen großen Erhebungsaufwand.

Da der Krankenstand eine hohe Auswirkung auf die Unternehmensproduktivität hat, muss die Kennzahl den jeweiligen Schicht- und Produktionsleitern dargestellt und visualisiert werden. Ebenfalls kann eine Krankenquote die Zufriedenheit der Mitarbeiter ausdrücken.

> **Definition Krankenstand**
> Der Krankenstand ist die Größe für die Anzahl der Mitarbeiter, die aus krankheitsbedingten Gründen nicht zur Arbeit erscheinen.
>
> **Formel:**
> Zahl krankheitsbedingter Ausfalltage : Jahresmenge · 100

5.3.8 Rüstzeit

Die Rüstzeit ist eine typische Kennzahl für die Produktion. Sie wird überwiegend direkt von den Produktions-/Schichtleitern und den Werkern benötigt, um Vorgaben zu kontrollieren. Die Rüstzeit stellt den wichtigsten Faktor zur Senkung der Losgrößen dar. Das Ziel der Überwachung und Optimierung ist die Reduzierung der Rüstzeiten. Einen Ansatz hierfür stellt die Methode „Single Minute Exchange of Die" (SMED) dar.

Der Schwerpunkt der „SMED-Methode" liegt nicht auf stark automatisierten Systemen, sondern der Reduzierung der Rüstzeiten durch konsequente Arbeitsorganisation. Die Kernaspekte dieser Methode sind standardisierte Tätigkeiten, genaue Arbeitszuweisungen und das Trennen zwischen internem und externem Rüsten. Von internem Rüsten spricht man, wenn die Maschine für den Rüstvorgang angehalten oder eine Tätigkeit als Vorbereitung auf den eigentlichen Rüstvorgang durchgeführt werden muss. Als externes Rüsten bezeichnet man alle Vorgänge, die als Vorläufer auf den eigentlichen Rüstvorgang angesehen werden können beziehungsweise nach Wiederanlaufen der Anlage durchgeführt werden.

Im Rahmen der „SMED-Methode" haben sich vier Schritte zur Rüstzeitoptimierung bewährt (vgl. Kletti/ Schumacher, 2014):

- Der aktuelle Rüstvorgang muss beobachtet, gemessen und dokumentiert werden
- Aufteilung der Rüstvorgänge in interne und externe Tätigkeiten
- Standardisierung der Tätigkeiten und kontinuierliche Überwachung sowie Dokumentation
- Training und Dokumentation des neuen Rüstvorgangs

Durch die Optimierung des Rüstprozesses reduziert sich die durch Rüstzeiten gebundene unproduktive Zeit, was neben der Zeitersparnis zu einer Kostensenkung und zu einer höheren Auslastung der Maschinen führt.

> **Definition Rüstzeit**
> Rüsten ist die Zeit von der Fertigstellung des letzten Produkts bis zu dem Zeitpunkt, von dem an das erste Gutteil des nächsten Produkts hergestellt wird.
>
> **Formel:**
> Rüstgrundzeit + Rüsterholungszeit + Rüstverteilzeit

5.3.9 Taktzeit

Die Taktzeit der Produktion sollte sich im Idealfall genau nach den Bedürfnissen des Marktes ausrichten. Die Taktzeit bildet somit die Basis aller Unternehmensaktivitäten entlang der Supply Chain.

Auch wenn die Formel eine Variation der Taktzeit von verschiedenen Produktionstagen nahe legt, wird diese üblicherweise über einen längeren Zeitraum festgelegt. Hierbei sollte die Taktzeit auf allen Produktionslinien eingehalten werden, um Kundenbedürfnisse synchron zu befriedigen.

Es muss darauf geachtet werden, die Taktzeit nicht mit der Zykluszeit zu vertauschen. Die Zykluszeit gibt die Zeitspanne an, die zur Fertigstellung eines Produktionsteils je Schritt benötigt wird. Damit kann man analysieren, ob die Zykluszeit unter oder über der Taktzeit liegt. Falls letzteres eintritt, so muss versucht werden, den jeweiligen Bearbeitungsschritt zeitlich anzupassen oder diesen auszutakten.

Die Taktzeit ist eine Grundvoraussetzung für eine bestandsarme und kundennahe Produktion. Zusammenfassend lässt sich die Taktzeit als „Tempogeber" entlang der Wertschöpfungskette beschreiben (vgl. Liker 2013).

> **Definition Taktzeit**
> Nach Hitoshi Takeda ist die Taktzeit folgendermaßen definiert: „Die Taktzeit ist der vom nachgelagerten Prozess (Kunde) vorgegebene Zeitrahmen, der für die Produktion eines Teils zur Verfügung steht." (Takeda, 2004)
>
> **Formel:**
> Tägliche Nettobearbeitungszeit in Sekunden : Verkaufsstückzahl je Arbeitstag

5.3.10 Ausbringungsmenge

Bei einem Mehrproduktunternehmen ist ein Vergleich der Ausbringungsmenge der verschiedenen Produkte naheliegend. Jedoch können die verschiedenen Produkte nicht einfach miteinander über die Ausbringungsmenge verglichen werden. Für einen betriebsinternen Vergleich der Produkte müssen diese zunächst mittels Äquivalenzziffern gleichgesetzt werden.

Die Kennzahl der Ausbringungsmenge ist ein wichtiges Instrument für die Schicht- und Produktionsleiter, die die Produktionskosten gegenüber dem Vertrieb vertreten müssen. Für die Produktionsmitarbeiter selbst ist die Kennzahl wichtig und aussagekräftig. Sie sollte jedoch nur mit einer klar kommunizierten Zielvorgabe den Mitarbeitern visualisiert werden. Ansonsten kann es z. B. im Schichtbetrieb dazu kommen, dass die Mitarbeiter sich lediglich gegenüber der anderen Schicht durchsetzen möchten, allerdings kein klares Ziel verfolgen.

Die Ausbringungsmenge ist eine nachlaufende Kennzahl, somit lassen sich die Probleme meist erst später erkennen. Technische oder anderweitige Probleme an Maschinen und die damit verbundene geringere Ausbringungsmenge können kenntlich gemacht werden, vorausgesetzt, eine Zielvorgabe existiert. So bekommen die Schicht- und Produktionsleiter einen Überblick darüber, welche Maschinen im letzten Zeitabschnitt fehlerfrei gelaufen sind.

Eine Aussage über die Qualität der ausgebrachten Menge kann mit dieser Kennzahl allerdings nicht getroffen werden.

> **Definition Ausbringungsmenge**
> Menge von Produkten, die innerhalb eines gewissen Zeitraums erstellt werden, um diese zu verkaufen.
>
> **Formel:**
> Ausbringungsmenge : Menge der produzierten Erzeugnisse in Stück

5.3.11 Verbesserungsvorschlagsrate

Diese Kennzahl fasst die durch die Mitarbeiter gemachten Verbesserungsvorschläge zusammen. Mit ihr werden Mitarbeiterengagement und Mitarbeitermotivation visualisiert. Die Kennzahl kann jedoch keine Aussage darüber treffen, wie hoch die Qualität der Mitarbeitervorschläge ist. Daher muss jeder Verbesserungsvorschlag sorgfältig nach dessen Realisierungsmöglichkeit und den zu erwartenden Kosteneinsparungen überprüft werden.

Allgemein gesehen profitiert jedoch ein Unternehmen umso stärker, je mehr Verbesserungsvorschläge eingereicht werden. Verbesserungsvorschläge sollten sich nicht nur auf Problemlösungen zur Kostensenkung beziehen, sondern auch auf die Verbesserung von Qualität oder Arbeitssicherheit. Grundsätzlich ist die Anzahl der Verbesserungsvorschläge ein gewinnbringendes Instrument für das Unternehmen und seine Mitarbeiter.

Es ist besonders wichtig, die Kennzahl auf dem Shopfloor darzustellen, um einerseits einen Anreiz zu schaffen, aufmerksam gegenüber Problemen und deren Lösung zu sein, und andererseits den Mitarbeitern aufzuzeigen, dass ihre Vorschläge im Unternehmen ernst genommen werden. In diesem Sinne ist es wichtig, ein vertrauensvolles Klima zu schaffen, in dem der Mitarbeiter „seine Vorschläge zum Erfolg des Unternehmens und dadurch zur Sicherung des Arbeitsplatzes" einbringen kann (vgl. Pepels 2008, S. 80).

Die Motivation von z. B. Produktionsmitarbeitern steigt durch eine möglichst hohe Quote der kurzfristig umgesetzten Vorschläge. Eine negative Auswirkung auf die Mitarbeiter durch die Offenlegung dieser Kennzahl ist nicht zu erwarten, da dies auf freiwilliger Basis beruht und beispielsweise nicht in eine Mitarbeiterbewertung einfließt.

Auch den übergeordneten Schicht- und Produktionsleitern muss diese Kennzahl visualisiert werden. Anhand dieser können, wie bereits erläutert, Fehler und Probleme in der Führung kenntlich gemacht werden. Aufgrund dessen, dass durch die Anzahl der Verbesserungsvorschläge Rückschlüsse auf den Führungsstil getroffen werden können, kann die Kennzahl die Schicht- und Produktionsleiter zusätzlich unter Druck setzen.

> **Definition Verbesserungsvorschlagsrate**
> Verbesserungsvorschläge werden als Kennzahl verwendet und sollen das Engagement der Mitarbeiter und deren Interesse am Erfolg des Betriebs veranschaulichen.
>
> **Formel (%):**
> eingereichte Vorschläge in einer Gruppe oder Abteilung : gesamte Mitarbeiter in der Gruppe oder Abteilung · 100

> **Zielgruppe definieren!**
>
> Es gibt einige Kennzahlen, die aufgrund der hohen Komplexität schwer zu verstehen oder einzuordnen sind. Werden Kennzahlen als Führungsmittel verwendet, sollten diese auch von allen verstanden werden. Eine Kennzahl, die nicht verstanden wird, erzeugt Misstrauen und weist auf mangelnde Wertschätzung hin. Um dies zu vermeiden, sollte die Auswahl der Kennzahlen genau auf die Zielgruppe abgestimmt sein. Bei Unsicherheit kann auch mal nachgefragt werden bzw. die betroffenen Mitarbeiter können selbst die für sie relevanten Kennzahlen definieren. Können Kennzahlen nachvollzogen werden, können sie auch Sinn stiften!

5.4 Das Shopfloor Board (SFB)

WORUM GEHT ES UND WAS BRINGT ES?

Ein „Shopfloor Board" ist ein Board zur Visualisierung von Kennzahlen oder Ähnlichem (siehe Bild 3). Es kann viele Namen tragen. In diesem Buch wird jedoch zu Vereinheitlichung der Begriff „Shopfloor Board" bzw. die Abkürzung SFB verwendet.

An einem SFB kann abgelesen werden, wie erfolgreich eine Abteilung oder ein Prozess ist. So wird das SFB als eines der entscheidendsten Instrumente des SFM angesehen, da es letztlich dazu dient, jeden zu informieren, Prozesse zu organisieren, Handlungsfelder schnell zu erkennen und zu lösen und die Fehler im eigenen Prozess zu reduzieren. Man kann also davon sprechen, dass das SFB ein Hilfsmittel ist, Probleme zeitnah zu identifizieren.

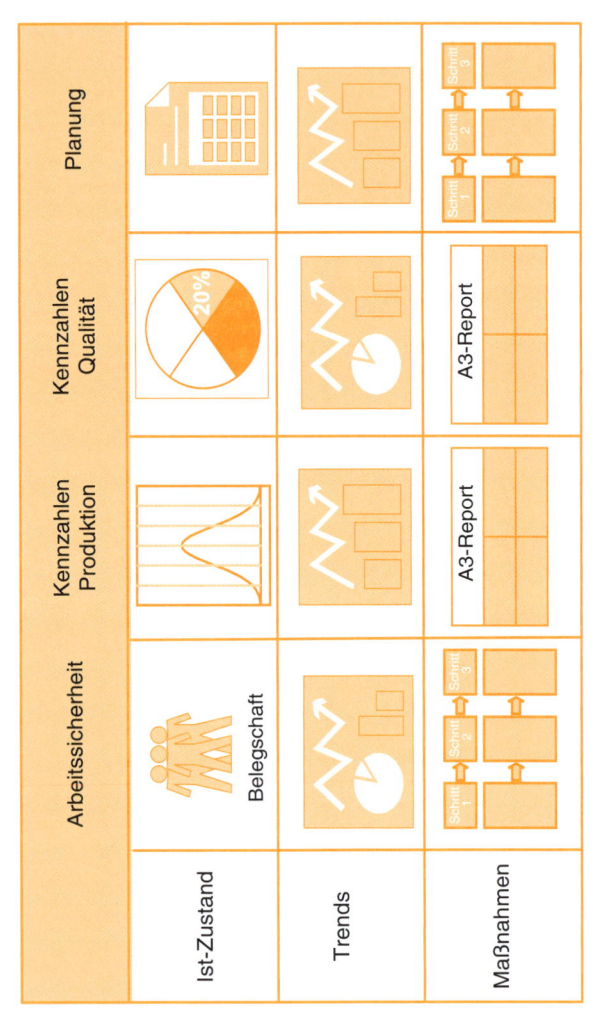

	Ist-Zustand	Trends	Maßnahmen
Planung			
Kennzahlen Qualität			A3-Report
Kennzahlen Produktion			A3-Report
Arbeitssicherheit	Belegschaft		

Bild 3: *Shopfloor Board*

> Das Shopfloor Board ist der zentrale Kommunikationspunkt und eignet sich hervorragend zur Mitarbeiterintegration.

Weiterhin kann es als zentraler Punkt der Visualisierung von Informationen und zur Ablaufsteuerung angesehen werden. Durch täglich stattfindende Meetings am SFB ist es ein zentraler Kommunikationspunkt! Es dient somit zum Austausch wichtiger Managementinformationen.

Des Weiteren spielt es eine zentrale Rolle zur Etablierung einer Verbesserungskultur. So kann es dazu genutzt werden, Informationen für die Führungskräfte zu hinterlassen oder in Form von z.B. farbigen Karten auf Probleme aufmerksam zu machen. So können etwa die geplanten Gutmengen und Abweichungen (gegebenenfalls in Rot) eingetragen werden. Zudem kann dieses als Treffpunkt für den Start eines PDCA-Zyklus (vgl. Abschnitt 6.2.2) dienen.

WIE GEHE ICH VOR?

Auf dem Board selbst können verschiedene Dinge visualisiert werden. So können beispielsweise Mitarbeiterbelegung, Ausbringung, Störungen, Qualitätskennzahlen, Kennzahlen zur Arbeitssicherheit, aktuelle Probleme sowie Gegenmaßnahmen und der Bearbeitungsstatus dargestellt werden. Dazu bieten sich z.B. die Visualisierung der top fünf Fehler und der A3-Problemlösungsprozess an.

> **Material beschaffen**
>
> Kaufen Sie Whiteboards und funktionieren Sie diese als SFB um! Machen Sie sich vorher Gedanken, was alles visualisiert werden soll, und schätzen Sie den Platzbedarf ab!

Die Kennzahlen können dabei in einem Verlaufsdiagramm dargestellt werden. Auch können Farbcodierungen helfen, um Prioritäten besser zu erkennen. So können Ampelfarben eingesetzt werden, wobei Grün signalisiert, dass die Ziele erreicht werden, Gelb, dass es unklar ist, und Rot, dass die Ziele verfehlt werden.

Zusätzlich können der eigentliche Prozess sowie der vor- und nachgelagerte Prozess dargestellt werden. Es können auch Beispiele für mangelfreie Produkte und Produkte mit Mängeln dargestellt werden. Weiterhin können die Namen der Angestellten und die Anzahl ihrer eingebrachten Verbesserungsvorschläge angezeigt werden, um die Motivation zu steigern, Vorschläge zu unterbreiten. Tabelle 5 zeigt die Aspekte, welche nach Suzaki auf einem entsprechenden Board visualisiert werden sollen. Diese unterteilt er in die Kategorien Qualität, Kosten, Lieferung, Sicherheit und Arbeitsmoral und nennt diese QKLSA-Kriterien.

Q (Qualität)	K (Kosten)	L (Lieferung)	S (Sicherheit)	A (Arbeitsmoral)
Ebene der Qualitätsakzeptanz	Produktivität	Übereinstimmung mit Plan	Anzahl der Unfälle	Abwesenheit/Verspätungsrate
Überarbeitung	Überstunden	Lieferfrist	Anzahl der Vorschläge	Umsatzrate
Anzahl Kundenbeschwerden	Ausgaben	Produktionsvolumen		Anzahl der Vorschläge
Mängel	Platz	Absatzvolumen		

Tabelle 5: *QKLSA-Kriterien in Anlehnung an Suzaki (1993)*

Diese Informationen müssen von Verantwortlichen regelmäßig aktualisiert werden! Am SFB bietet es sich an, die Kennzahlen per Hand in fest definierten Zyklen zu erfassen, um die nötige Transparenz zu schaffen. Dies kann z. B. stündlich erfolgen. Jedoch ist es sinnvoll, wie bei den Meetings am Shopfloor (vgl. Kapitel 4), die Aktualisierungszyklen der Art der Produktion anzupassen, also eine kurzzyklischere Aktualisierung bei hohen Produktionszahlen, langzyklischere bei niedrigeren Produktionszahlen (z. B. bei der Einzelfertigung) (vgl. Peters 2009).

Auch im administrativen Bereich kann mit diesem SFB gearbeitet werden. Dabei müssen die dargestellten Daten auf die jeweilige Abteilung angepasst werden. Statt Takt kann z. B. die „Stimme" des Kunden durch Termintreue dargestellt werden. Außerdem hilft auch hier das Board durch Visualisierung der Kennzahlen, Probleme und Aufgaben, die Kommunikation in und zwischen Abteilungen und damit die Selbstorganisation zu verstärken.

Wird SFM bereichsübergreifend umgesetzt, so hilft dies, Abteilungsgrenzen zu reduzieren und einen größeren Prozessfokus zu erhalten. Wenn beispielsweise aufgrund von Fehlteilen, die vom Kunden geforderte Menge nicht produziert werden konnte, stellen Shopfloor Boards eine Möglichkeit dar, dieses Problem direkt an die betreffende Abteilung, in diesem Beispiel die Logistik, zu adressieren. So würde das Problem zum einen auf dem SFB in der Produktion auftauchen, um aufzuzeigen, warum das Tagesziel an Output nicht erreicht werden konnte, aber auch auf dem SFB der Logistik, da Fehlteile die Ursache waren. So entsteht ein Prozess der Zusammenarbeit und Kommunikation.

> Ob in der Produktion oder im administrativen Bereich, der Standort des SFB sollte so gewählt werden, dass ausreichend Personen um das Board herum Platz finden, dass es gut sichtbar ist und zudem die Lärmbelästigung nicht zu stark ist. Weiterhin sollte jede Abteilung oder auch jeder Kernprozess über ein eigenes Board als Anlaufpunkt verfügen.

Die Verwendung von Tafeln zur Visualisierung findet ebenfalls im Lean Management seit langer Zeit Anwendung. So gibt es z. B. „Leistungstafeln", welche quantitative Leistungsindikatoren beinhalten (vgl. Womack/Jones 1997, S. 169 f.).

Zusammengefasst lässt sich sagen, dass ein SFB aus unterschiedlichen Teilen bestehen kann. So können Kennzahlen, Produktbeispiele, Verbesserungsvorschläge etc. auf entsprechenden SFBs visualisiert werden. Wichtig ist dabei, dass diese die Kommunikation unterstützen und den zentralen Anlaufpunkt für die regelmäßig stattfinden Meetings bilden. So können SFBs schließlich als sichtbares Zeichen von SFM angesehen werden.

6 Standardisierung und Optimierung

In diesem Abschnitt widmen wir uns dem letzten Hauptelement aus Bild 1, „Standardisierung und Optimierung".

6.1 Standards als Voraussetzung für Verbesserung

WORUM GEHT ES?

Klar definierte Standards gelten bereits seit den Anfängen des Qualitätsmanagements nach William Edwards Deming als entscheidender Erfolgsfaktor. Ohne Standards werden oftmals Probleme verschleiert und bleiben unentdeckt.

WAS BRINGT ES?

Abweichungen wiederum sind Indikatoren dafür, wo ein Bedarf zur Problemlösung oder Prozessverbesserung besteht. Dazu sollten die für den jeweiligen Produktionsbereich relevanten Kennzahlen aufbereitet und visualisiert werden.

Standards werden auch als Voraussetzung bzw. Ausgangsposition für Verbesserungen angesehen (vgl. Suzaki 1994, S. 81 f.).

> Durch standardisierte Arbeitsverfahren können Probleme entdeckt und anschließend behoben werden.

Standards dienen somit als notwendige Grundlage, um Verbesserungen (z. B. durch Kaizen) überhaupt durchführen zu können. Verbesserungsmaßnahmen, die durch Standards erreicht wurden, verbessern wiederum den Standard, welcher dann erneut die Grundlage für Verbesserungen bietet.

Oftmals werden Standards als Fremdkontrolle und somit als Gegensatz zu einer mehr durch die Mitarbeiter selbst ausgeführten Kontrolle angesehen. Jedoch sollte es so betrachtet werden, dass Standards als Maßstab für die Prozessqualität gelten, die durch Mitarbeiter mit hoher Qualität erreicht werden. Durch Standards geschaffene Transparenz soll es den Mitarbeitern ermöglichen, selbständig Einsparpotenziale aufzudecken und schließlich zu realisieren.

WIE GEHE ICH VOR?

Standards können die Reihenfolge von Arbeitsschritten, Kennzahlen, welche die Qualität messen (z.B. Toleranzen), sowie Kennzahlen der Effizienz (z.B. Bearbeitungszeit) beinhalten. Standards sollten jedoch einfach gehalten werden, sodass sie innerhalb kurzer Zeit/weniger Tage von den Mitarbeitern erlernbar sind (vgl. Suzaki 1994, S. 88).

Es gibt drei Arten der Prozessbestätigung und somit Überprüfung, ob Abweichungen von einem definierten Prozess vorliegen. Die erste erfolgt reaktiv durch z.B. Strichlisten, welche das Ausmaß eines Problems darstellen. Die zweite erfolgt proaktiv, indem Prozesse beobachtet werden, um sie zu verstehen. Die dritte schließlich ist responsiv, indem z.B. durch Signale (vgl. Kapitel 4) Abweichungen signalisiert werden.

Zur ganzheitlichen Umsetzung des SFM stehen eine Reihe von Methoden und Werkzeugen zur Verfügung. Neben den sichtbaren und visualisierten Elementen gibt es auch nicht sichtbare Werkzeuge, zu denen unter anderem die Unternehmenskultur, organisiertes Kaizen, der Manager als

Coach (vgl. Kapitel 3) sowie methodische Vorgehensweisen wie der Plan-Do-Check-Act-Zyklus (PDCA) zählen.

Basierend auf den vier Kernelementen von SFM (vgl. Kapitel 2) kann man die verschiedenen Werkzeuge und Methoden in verschiedene Teilbereiche einteilen. Die Teilbereiche „Transparenz" und „Visualisierung" sollen aufzeigen, inwieweit Unternehmen Abweichungen mithilfe von Kennzahlen ermitteln und aufzeigen können. Damit können, aufbauend auf einer entsprechenden Organisation und einem Rollenverständnis, durch „Mitarbeiter" und „Führungskräfte" im Rahmen einer standardisierten Kommunikation am Ort der Wertschöpfung auf die Abweichungen reagiert und „Problemlösungen" eingeleitet werden. Das Ziel dabei ist, zukünftige Abweichungen und Probleme zu vermeiden.

> Zentral ist, die richtigen Werkzeuge für Fehlervermeidung, -entdeckung und schließlich Fehlerbehebung anzuwenden.

Die Herausforderung besteht darin, die richtigen Methoden und Werkzeuge für die Bedürfnisse des Unternehmens zu kennen und anzuwenden. Häufig stehen Unternehmen bei ihren Prozessabläufen am Ort der Wertschöpfung, egal ob dies die Produktion oder ein administrativer Bereich ist, immer wieder vor neuen Problemen und Anforderungen. Zu wissen, wie man diese schnell, effizient und nachhaltig löst, stellt einen enormen Wettbewerbsvorteil dar.

Doch neben den richtigen Werkzeugen für die Problemlösung sind Werkzeuge, um Probleme erst einmal zu entdecken, ebenso wichtig. So können visualisierte Abweichungen oder Methoden wie Andon (siehe Abschnitt 6.2.6) dazu beitragen, Probleme zu erkennen (vgl. Suzaki 1993). Weiterhin können Fehler und Verbesserungsprozesse durch die tägliche Arbeit entdeckt werden. Alternativ kann jedoch auch explizit bzw. proaktiv nach möglichen Fehlern gesucht werden. So wird durch das detaillierte Dokumentieren von Prozessen und einzelnen Aktivitäten ermöglicht, Abweichungen und somit Schwachstellen zu erkennen, die als Grundlage zur Prozessoptimierung dienen.

6.2 Methoden zur Prozessoptimierung und Problemlösung

WORUM GEHT ES UND WAS BRINGT ES?

Wie bereits erläutert, besteht die Notwendigkeit, die durch Visualisierungen oder durch eine regelmäßige Kommunikation gefundenen Probleme zu lösen und somit Prozesse zu verbessern. Die Verbesserung von Prozessen kann prinzipiell als Ziel von SFM angesehen werden. Dafür sollten Problemlösungstechniken in ein erfolgreiches SFM integriert werden. Eine entsprechende kontinuierliche Prozessoptimierung muss im SFM als eines der wichtigsten Elemente nachhaltig verankert werden.

WIE GEHE ICH VOR?

6.2.1 Kaizen

Der Begriff der „kontinuierlichen Verbesserung" bzw. des KVP wird oft synonym mit dem japanischen Begriff „Kaizen" verwendet (vgl. Liker 2013, S. 52). Aufgrund der Tatsache, dass beide Begriffe meist deckungsgleich verwendet werden, wird folgend Kaizen thematisiert.

„Kaizen" kann mit „Veränderung zum Guten" übersetzt werden (vgl. Gorecki/Pautsch 2014, S. 20). Alternativ wird „Kai" mit „Ersatz" und „Zen" mit „das Gute" übersetzt, was in Kombination „Ersatz des Guten durch das Bessere" bedeutet (vgl. Zollondz 2013, S. 281).

> Kaizen ist grundsätzlich das Fundament, die Denkweise, die alle Mitarbeiter benötigen, um eine Verbesserung voranzutreiben!

Kaizen dient zur kontinuierlichen und inkrementellen, also schrittweisen Verbesserung von Prozessen mit dem Ziel der Reduzierung von Verschwendung (Muda) und der Erhöhung der Wertschöpfung. Solche schrittweisen Verbesserungen hin zu einer möglichen Perfektion innerhalb eines Unternehmens werden ebenfalls als „fundamentales Prinzip des schlanken Ansatzes" (vgl. Womack/Jones 1997, S. 113) verstanden. Somit zeigt sich auch hier der Lean-Ursprung von SFM.

Kaizen, wie auch KVP, ist sowohl eine innere Einstellung zur Verbesserung als auch eine spezifische Vorgehensweise. Kaizen zielt darauf ab, einen kontinuierlichen Lernprozess zu etablieren, der auf einem Managementkonzept gründet, das nachhaltige Verbesserungen kurzfristigen Erfolgen vorzieht. Als ein solches, auf Verbesserungen ausgerichtetes Managementkonzept und somit als eine gute Grundlage für Kaizen kann SFM angesehen werden. Für Mike Rother ist die Definition einer kontinuierlichen Verbesserung auch, dass alle Prozesse tagtäglich und gleichzeitig verbessert werden (vgl. Rother 2009, S. 29). Durch die tägliche Kommunikation (vgl. Kapitel 4) im Rahmen des SFM könnte eine solche Verbesserung in Gang gesetzt werden.

> Kaizen und KVP können eine „radikale" Veränderung innerhalb eines Unternehmens bewirken, da die Mitarbeiter ihre Einstellung und ihr Verhalten ändern müssen.

Das Wissen über die Methode alleine genügt nicht. So kann es hilfreich sein, dass die Mitarbeiter die Prozesse selbst erleben, um die notwendige Einstellung dazu zu erhalten. Zudem müssen Führungskräfte den Mitarbeitern zunächst die Notwendigkeit der Verbesserung erklären und ihnen anschließend das Vertrauen schenken, im Sinne von Kaizen bzw. einer kontinuierlichen Verbesserung den Prozess zu verbessern.

Im Vergleich zu Innovationen, welche erhebliche Effizienzsteigerungen bedeuteten können, verhelfen Maßnahmen, die durch Kaizen erfolgen, einzeln betrachtet nicht zu großen Verbesserungen. In Summe jedoch tragen diese trotzdem zur Effizienzsteigerung bei. Darüber hinaus sind Innovationen nicht in einer ähnlich hohen Frequenz realisierbar, da sie mehr Ressourcen benötigen als kontinuierliche Verbesserungen.

Nach Pawel Gorecki und Peter Pautsch gibt es drei Stufen von Kaizen:

▶ Die erste Stufe ist „Point Kaizen". Dies umfasst Verbesserungen, die nicht im Zusammenhang stehen mit der ganzheitlichen Betrachtung eines Unternehmens. Durch solche Verbesserungen können zwar Effizienzsteigerungen bewirkt werden, da diese jedoch nicht mit anderen Bereichen abgestimmt werden, können die Steigerungen nur einen begrenzten Einfluss haben, wenn es sich beispielsweise bei dem verbesserten Prozess um keinen Engpass handelt.

Wenn vorgelagerte und nachgelagerte Ebenen nicht mit der gleichen Effizienz verbessert werden, hat Point Kaizen nur begrenzte Auswirkungen. Ebenso können Verbesserungen bei einem Prozessschritt Verschlechterungen bei einem anderen bedeuten.
- Bei „Flow Kaizen", der zweiten Stufe, „wird der Wertstrom eines Produktions- oder Dienstleistungsprozesses insgesamt betrachtet und nach Maßnahmen zur Verbesserung gesucht". Somit werden, im Gegensatz zu Point Kaizen, Auswirkungen auf den ganzen Prozess betrachtet und gegebenenfalls zunächst Engpassprozesse optimiert, um somit den möglichst größten Effekt zu generieren.
- Als letzte Stufe ist das „Hoshin Kanri Kaizen" anzusehen (vgl. Kapitel 3). Point Kaizen bezieht sich auf einen Arbeitsplatz und Flow Kaizen auf einen Prozess (vgl. Gorecki/Pautsch 2014, S. 25). Hoshin Kanri Kaizen analysiert (auf strategischer Ebene) den gewünschten Soll-Zustand eines Unternehmens, den aktuellen Ist-Zustand und Sachverhalte, die das Erreichen des Soll-Zustandes verhindern. Die Verbesserungen im Rahmen dieser Form von Kaizen werden deshalb an den übergeordneten Unternehmenszielen ausgerichtet.

Als Gegenbegriff zu Kaizen kann Kaikaku als „radikale Verbesserung" (vgl. Womack/Jones 1997, S. 26) angesehen werden. Kaikaku als die radikale Form, die Wertschöpfung neu zu gestalten, kann in der Kombination mit Kaizen zu endlosen Verbesserungen führen.

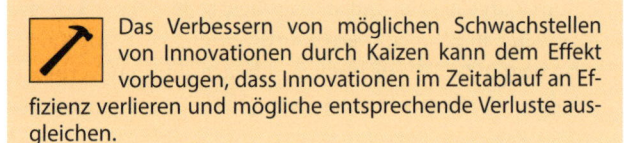

> Das Verbessern von möglichen Schwachstellen von Innovationen durch Kaizen kann dem Effekt vorbeugen, dass Innovationen im Zeitablauf an Effizienz verlieren und mögliche entsprechende Verluste ausgleichen.

So kann Kaikaku, was nach James P. Womack und Daniel T. Jones teilweise als „Breakthrough-kaizen, Flow-kaizen und System-kaizen" bezeichnet wird, dazu genutzt werden, eine Produktion zunächst grundlegend neu zu gestalten, um anschließend Kaizen dazu zu nutzen, einzelne Prozesse weiter zu optimieren (vgl. Womack/Jones 1997, S. 391).

An dieser Stelle liefert die Literatur jedoch keine eindeutige Bezeichnung der einzelnen Formen von Kaizen. So bezeichnen, wie angeführt, Gorecki und Pautsch Kaizen, welches sich auf einen Prozess bezieht, als „Flow Kaizen". Womack und Jones hingegen schreiben, dies sei ein Synonym für Kaikaku. Der Begriff „Process-kaizen" (vgl. Womack/Jones 1997, S. 391) von Jones und Womack scheint an dieser Stelle besser geeignet zu sein als die Bezeichnung der zweiten Stufe von Kaizen.

Im Rahmen von Kaizen können sich Mitarbeiter auch aktiv in die Arbeitsgestaltung mit einbringen. So kann bei zunehmendem Stress oder Ermüdung der Arbeiter bei bestimmten Tätigkeiten diese einem Kaizen unterziehen, um den jeweiligen Job neu zu gestalten oder Mechanismen zu entwickeln, die dem Arbeiter den Job vereinfachen oder ihn besser unterstützen (vgl. Womack/Jones 1997, S. 303).

Dabei ist jedoch wichtig, dass Verbesserungen nicht automatisch erfolgen, sondern immer wieder Führungskräfte gefragt sind, die unterstützend agieren (vgl. Peters 2009, S. 27).

> Mitarbeiter sollten bezüglich des SFM im Sinne des KVP Verbesserungen, welche ihren Arbeitsbereich betreffen, selbst anregen, anschließend planen und, wenn möglich, selbst umsetzen.

Die Mitarbeiter sind also bei der Initialisierung gefordert, können aber unterstützt werden.

Gemäß der langläufigen Meinung können z. B. bei Kaizen-Workshops (Bild 4) Mitarbeiter innerhalb einiger Tage durch Unterstützung von Moderatoren Verschwendungen am Arbeitsplatz ermitteln, Lösungen erarbeiten und diese schließlich anwenden.

Jedoch kann sich das Problem ergeben, dass Personen mit für die Organisation wichtigen Funktionen nur schwer für mehrtägige Workshops verfügbar sind, ohne dass aktuelle Prozesse beeinträchtigt werden.

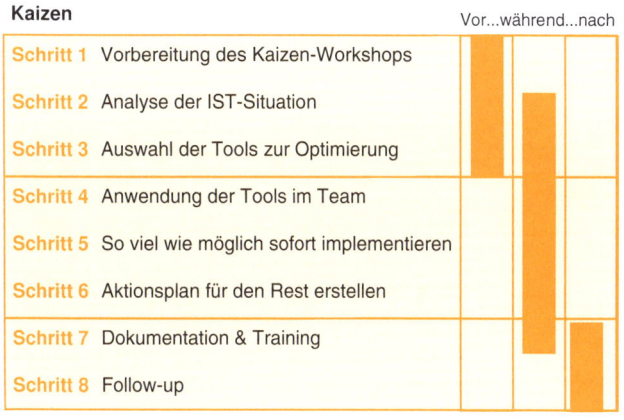

Kaizen	Vor...während...nach
Schritt 1 Vorbereitung des Kaizen-Workshops	
Schritt 2 Analyse der IST-Situation	
Schritt 3 Auswahl der Tools zur Optimierung	
Schritt 4 Anwendung der Tools im Team	
Schritt 5 So viel wie möglich sofort implementieren	
Schritt 6 Aktionsplan für den Rest erstellen	
Schritt 7 Dokumentation & Training	
Schritt 8 Follow-up	

Bild 4: *Kaizen-Workshop*

Alternativ kann Kaizen durch spezielle Kaizen-Teams durchgeführt werden, die öfter verfügbar sind. So können Mitarbeiter, die sonst aktuell gegebenenfalls keine Arbeit haben, in Kaizen-Teams für Verbesserungen sorgen. Dies könnte beispielsweise in wirtschaftlich schwierigeren Zeiten erfolgen oder dann, wenn Kaizen selbst dazu führt, dass Arbeitsschritte entfallen und Mitarbeiterkapazitäten frei werden. Jedoch sind diese Ansichten vor dem Hintergrund einer zunehmenden Befähigung der Mitarbeiter im Rahmen von SFM als fraglich anzusehen. So entspräche es eher dem Sinn von SFM, dass alle Mitarbeiter in KVPs eingebunden werden und diese ständig und nicht nur punktuell erfolgen.

Standards sind grundsätzlich die Grundlage für eine kontinuierliche Verbesserung. Die Ergebnisse einer Verbesserung sind wiederum ein neuer Standard, welcher durch alle beteiligten Abteilungen kommuniziert werden sollte, um das Unternehmen weiter zu verbessern. Dies liegt darin begründet, dass sich Kaizen nicht auf Produktionsprozesse beschränken muss, sondern auch auf andere Geschäftsprozesse angewendet werden kann (vgl. Womack/Jones 1997, S. 177 f.).

> Die Prozessoptimierung ist eine der wichtigsten Maßnahmen zur generellen Verbesserung im Rahmen von SFM.

Strukturierte Problemlösungsmaßnahmen sollen dabei helfen, nicht nur Symptome, sondern deren Ursache zu bekämpfen, und anschließend nachhaltig sicherstellen, dass die bekämpften Probleme zukünftig nicht mehr auftreten. Falsch wäre es demnach, im Sinne von „Firefighting", kurzzeitig Symptome zu bekämpfen und somit die Möglichkeit bestehen zu lassen, dass das eigentliche Problem nicht gelöst wird und eine erneute „Bekämpfung" zukünftig nötig ist.

> Es reicht nicht, Probleme nur zu erkennen. Auch die Einstellung alleine, Prozesse zu optimieren, reicht nicht, weshalb es der richtigen Werkzeuge bedarf. On-the-Job-Training oder gemeinsames Lernen in Form von Trainings können den Mitarbeitern auch problemlösende Fähigkeiten vermitteln.

Als Basis für eine nachhaltige Problemlösung dient der sogenannte PDCA-Zyklus. Aber auch das Ishikawa-Diagramm, die 5W-Fragetechnik oder die A3-Methode unterstützen den Problemlösungsprozess. Diese problemlösenden Methoden werden nachfolgend näher erläutert und lassen sich alle sowohl auf die Produktion als auch die administrativen Bereiche eines Unternehmens anwenden.

6.2.2 PDCA-Zyklus

Kurz nach dem Zweiten Weltkrieg entwickelte sich in Japan infolge einer Ressourcenknappheit, bedingt durch die Folgen des Krieges, das Streben danach, möglichst ohne Verschwendungen im Produktionsprozess auszukommen. Aus diesem Grunde stießen die Ideen des amerikanischen Statistikers William Edwards Deming vor allem bei japanischen Managern auf Interesse. Bereits im Jahre 1951 wurde ein Deming-Preis für ein hervorragendes Qualitätsmanagement verliehen. Dieser Preis wird nach einem Audit vergeben, das sich nicht nur auf bestimmte Bereiche, sondern auf das gesamte Managementsystem eines Unternehmens bezieht, woraus deutlich wird, wie umfangreich und umfassend in Japan das Thema Qualität behandelt wird.

Daraus entwickelte sich der sogenannte Deming-Kreis, der vor allem als PDCA-Zyklus bekannt ist (Bild 5).

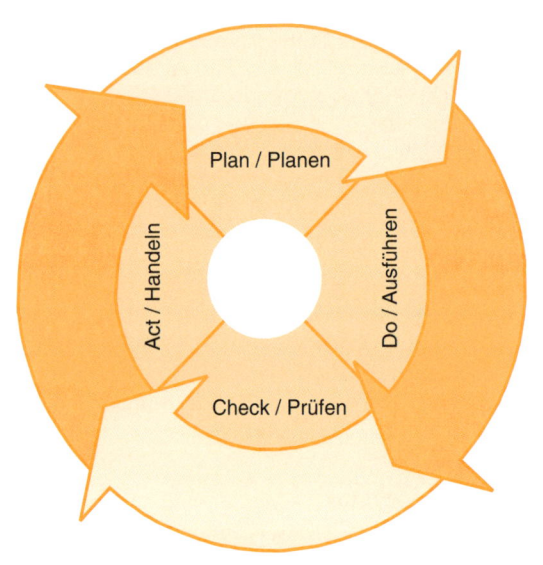

Bild 5: *PDCA-Zyklus*

PDCA steht für „Plan, Do, Check, Act" und ist für die Prozessoptimierung von besonderer Bedeutung. Teilweise findet sich die Bezeichnung „Problemlösungszirkel von Deming". Wie bereits unter Abschnitt 6.2.1 angemerkt, sind Kaizen und der zugrunde liegende PDCA-Zyklus Instrumente aus dem Lean Management.

Der PDCA-Zyklus basiert auf dem wissenschaftlichen Ansatz, dass zunächst einmal Hypothesen über die Wirkungen möglicher Veränderungen formuliert und im weiteren Verlauf des Zyklus entweder bestätigt (verifiziert) oder abgelehnt (falsifiziert) werden. Dies geschieht mithilfe von statistischen Werkzeugen und Analysen. Bestätigt sich eine entsprechende Hypothese, kann diese als neuer Standard etabliert werden.

> Der PDCA-Zyklus kann nach Suzaki als „grundlegende Managementdisziplin" zur kontinuierlichen Verbesserung angesehen werden.

So spricht Suzaki davon, dass der Kreislauf regelmäßig, sogar täglich angewendet werden kann, um bestimmte Ziele zu erreichen. Er vergleicht das Durchlaufen des Kreislaufs mit dem Muskelaufbau: Zunächst sollen einfache Probleme gelöst werden, und je vertrauter der Kreislauf ist, desto schwierigere Probleme können mit ihm gelöst werden. Der PDCA-Zyklus ist ein zentraler Aspekt für eine generelle Entwicklung des Unternehmens bei Suzaki. So sollte der Zyklus auch beim Policy Management Anwendung finden. Damit soll im Rahmen von mehreren PDCA-Zyklen schließlich die „Mission" des Unternehmens erreicht werden. Der PDCA-Zyklus kann nach Suzaki für jegliche Verbesserung angewendet werden.

Plan-Phase

In der „Plan-Phase" des Zyklus werden das Problem und das Ziel, welches erreicht werden soll, definiert. Weiterhin werden Ist- und Zielwerte festgelegt, miteinander verglichen und dadurch erkenntliche Abweichungen analysiert. Anschließend wird definiert, welche Methoden angewendet werden, um das Problem zu lösen (z. B. Fehlersammelliste).

Nachdem die Methoden festgelegt sind, erfolgt die Analyse des Problems (beispielsweise durch Werkzeuge wie die Korrelationsanalyse) und aus den Erkenntnissen heraus die Definition der Problemursachen. Am Ende der Plan-Phase werden Lösungsansätze bzw. Hypothesen formuliert, wie das Problem gelöst werden kann.

> Die Plan-Phase ist entscheidend für den weiteren Verlauf des Problemlösungsprozesses, da diese die Grundlage bildet.

Daraus ergibt sich die Notwendigkeit, dass der Plan-Phase eine besondere Aufmerksamkeit zuteilwird und die Planung gründlich durchgeführt wird. So können die unter Kapitel 5 erwähnten Kennzahlen zur Problemdefinition herangezogen und kann die 5W-Fragetechnik zur Ursachenanalyse verwendet werden.

Do-Phase

In der „Do-Phase" werden die in der Plan-Phase entwickelten Lösungsansätze, die als Hypothese der Verbesserung angesehen werden, umgesetzt. Je nach Komplexität des Problems können die Lösungsansätze direkt angewendet oder zunächst umfangreiche Testläufe durchgeführt werden.

Check-Phase

In der „Check-Phase" werden dann die Ergebnisse der Tests bewertet. Abhängig von der Komplexität können, wie in der Do-Phase, entweder die angewendeten Lösungsansätze oder zunächst die unternommenen Tests bewertet werden.

Bei Problemen, die Testläufe verlangen, können anschließend durch Hypothesentests die Ergebnisse überprüft werden, sodass die Hypothese bezüglich des Problems angenommen werden kann oder abgelehnt werden muss.

Act-Phase

In der „Act-Phase" werden schließlich die Ergebnisse aus den vorangegangenen Phasen analysiert und es wird überprüft, ob die zuvor definierten Zielwerte erreicht wurden. Wurden die Zielvorgaben erreicht, können die Maßnahmen, die zur Verbesserung geführt haben, in den Prozess implementiert und als neuer Standard definiert werden. Dieser neue Standard kann wiederum als Ausgangspunkt genutzt werden, weitere Probleme zu lösen, wodurch eine kontinuierliche Verbesserung bzw. ein wiederkehrender Zyklus erzeugt wird.

Werden die Zielvorgaben nicht erreicht, startet der Zyklus in der Plan-Phase erneut. Der Zyklus startet dann so oft von Neuem, bis eine Erreichung der Zielwerte vorliegt. Durch die Verkettung eines Zyklus nach dem anderen einwickelt sich somit eine Spirale an Verbesserungsprozessen.

> Der PDCA-Zyklus kann als ein Prozess verstanden werden, der nie endet und der immer von Neuem gestartet werden kann.

Anwendung findet der PDCA-Zyklus auch bei Toyota, welches den Zyklus durch ein „go and see" ergänzt. Dadurch wird die Wichtigkeit zum Ausdruck gebracht, sich stets selbst ein Bild von der Situation zu machen.

Bei der Anwendung von PDCA wird die Verknüpfung zwischen SFM und der „Verbesserungs-Kata" deutlich. Darüber hinaus kann der Zyklus auch im Rahmen von Coaching eine wichtige Rolle einnehmen, da er dazu genutzt werden kann, dass der Coachee dem Coach dadurch über den aktuellen Prozesszustand Bericht erstattet.

6.2.3 Die 5S-Methode

5S bzw. die entsprechenden Begriffe werden verwendet, um eine schlanke Produktion und auch eine visuelle Kontrolle zu ermöglichen (vgl. Womack/Jones 1997, S. 389). Die Einführung eines 5S-Standards wird darüber hinaus als erster Schritt zur Einführung eines guten Produktionsprogramms gesehen oder unterstützt im administrativen Bereich. Dort kann sich 5S beispielsweise auf die Bereinigung und Sortierung von Daten und Dokumenten in digitaler Form beziehen. Aber auch das Einführen von Standards durch die richtige Beschriftung von Dokumenten und Ordnern ist ein Beispiel für 5S im administrativen Bereich. Somit ist 5S der Ausgangspunkt für Verbesserungen.

Ursprünglich stehen die 5 S für die japanischen Worte Seiri, Seiton, Seiso, Seiketsu und Shitsuke. Wobei Seiri dafür steht, dass nicht benötigte Werkzeuge oder Materialien aus dem Arbeitsbereich entfernt werden (vgl. hier und im Folgenden Womack/Jones 1997). Seiton bedeutet, dass alle benötigten Werkzeuge und Materialien ordentlich angeordnet werden. Seiso umfasst die Reinigung des Arbeitsplatzes. Seiketsu steht dafür, dass die ersten drei S praktiziert werden, und Shitsuke schließlich, dass es zur Gewohnheit wird, dass die anderen vier S praktiziert werden.

Zusammen bilden die 5 S einen kontinuierlichen Prozess zur Verbesserung des Arbeitsumfeldes, indem alle Verschwendungen im direkten Arbeitsumfeld bekämpft werden.

Solche einfachen visuellen Instrumente bzw. Verhaltensweisen dienen im SFM dazu, den Mitarbeitern eine Möglichkeit anzubieten, selbständig Fehler zu erkennen und Problemlösungen zu initialisieren. So wird eine entsprechend gute Organisation als ein Schlüssel qualitativer Exzellenz angesehen.

> Ins Deutsche übertragen, kann man die 5 S am besten mit folgenden Worten übersetzen:
> - *Separieren:* Unnötige Dinge werden aussortiert.
> - *Sortieren:* Benötigte Dinge werden so angeordnet, dass unnötige Suchzeiten und lange Laufwege vermieden werden.
> - *Säubern:* In regelmäßigen Abständen unter der Beteiligung aller Mitarbeiter die Arbeitsbereiche säubern und instand halten.
> - *Standards:* Arbeitsabläufe durch Standards kontinuierlich praktizieren und verbessern.
> - *Selbstdisziplin:* Den erreichten Zustand beibehalten und zur Gewohnheit machen.

6.2.4 Fertigkeiten- oder Qualifikationsmatrix

Eine weitere Visualisierungs- und zugleich Hilfsmöglichkeit zur Problemlösung stellt die „Fertigkeitenmatrix" oder das „gegenseitige Trainingsdiagramm" dar. Die Fertigkeitenmatrix besteht aus den Namen der Mitarbeiter (z. B. einer Minifirma, vgl. Kapitel 3) und Problemlösungswerkzeugen, welche durch die Mitarbeiter beherrscht werden.

In der Matrix können zu jeder Personen-Werkzeug-Kombination unterschiedliche Level definiert werden. Angefangen dabei, dass jemand an einem Training teilgenommen hat (Level 1), über die Fähigkeit, eine entsprechende Aufgabe mit Hilfe zu bewältigen (Level 2), eine entsprechende Aufgabe ohne Hilfe zu bewältigen (Level 3) und schließlich andere unterrichten zu können (Level 4) (siehe Bild 6).

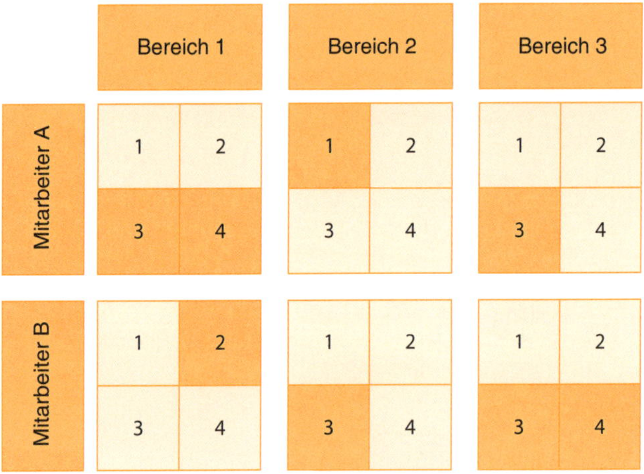

Standardisierung und Optimierung

	Bereich 1	Bereich 2	Bereich 3
Mitarbeiter A	1 2 / 3 4	1 2 / 3 4	1 2 / 3 4
Mitarbeiter B	1 2 / 3 4	1 2 / 3 4	1 2 / 3 4

1 = Hat am Training teilgenommen
2 = Erledigt Aufgabe mit Hilfe
3 = Erledigt Aufgabe ohne Hilfe
4 = Kann andere coachen

Bild 6: *Qualifikationsmatrix*

> Eine Qualifikationsmatrix ermöglicht es, Mitarbeiter besser einschätzen und gegebenenfalls qualifizieren zu können.

Somit können Mitarbeiter gezielt in Bereichen weiterqualifiziert werden, in denen sie noch Schwächen aufweisen. Weiterhin ermöglichen solche Matrizen, dass man bei plötzlichen Ausfällen von Mitarbeitern die Möglichkeit hat, aufgrund der Visualisierung der Fähigkeiten der verbliebenen Mitarbeiter schnell Ersatz in Form eines Mitarbeiters zu finden, der über die gleiche Qualifikation oder Fähigkeit verfügt.

Man bezeichnet die Kombination aus Anwesenheitsmatrix, Arbeits- und Rotationsplan sowie Fertigkeitenmatrix auch als „labor-planning suite" (vgl. Mann 2010, S. 185). Bei der Mitarbeiterbelegung erhält jeder Mitarbeiter eine Karte mit seinem Namen, seiner Qualifikation und möglichen Einsatzorten. Durch die Einordnung der Karten in eine Belegungstafel und durch definierte Soll-Belegungen wird schnell ersichtlich, ob ein Engpass (oder Überhang) an verfügbaren Arbeitskräften besteht.

Diese Instrumente können also als Hilfsmittel angesehen werden, um die Arbeit am Shopfloor besser organisieren zu können. Darüber hinaus helfen sie nicht nur Führungskräften bei der Planung, sondern können auf dem SFB visualisiert werden und somit den Mitarbeitern einen transparenten Überblick geben. Grundsätzlich kann es so möglich sein, dass Mitarbeiter selbständig dafür Sorge tragen, dass kein Engpass an Arbeitskräften entsteht oder die Notwendigkeit von Schulungen erkannt wird. Weiterhin können sie die Kommunikation mit der übersichtlichen Darstellung von Informationen unterstützen.

6.2.5 Anwesenheitsmatrix

Eine weitere Möglichkeit zur Visualisierung bietet die Nutzung einer sogenannten „Anwesenheitsmatrix" („Attendance Matrix"), welche auch bei Toyota Anwendung findet Dabei wird für jeden Monat eine Matrix mit allen Tagen/Mitarbeitern eines Bereiches erstellt. Dort wird dann, z. B. einen Tag im Voraus, eingetragen, welche Mitarbeiter am darauffolgenden Tag anwesend sind. Auch hier kann eine farbliche

Codierung bzw. Markierung der Mitarbeiter verwendet werden.

Aus diesen transparenten Darstellungen heraus können z. B. Mitarbeiter, die über besonders hohe Anwesenheitsraten verfügen, an Prämienverlosungen zur Motivationssteigerung teilnehmen.

Aufbauend auf der Anwesenheitsmatrix können gleichzeitig Arbeits- und Rotationspläne erstellt und visualisiert werden. Bei diesen werden verfügbare Mitarbeiter einzelnen Arbeitsstationen zugeordnet, wobei darauf geachtet wird, dass die Arbeiten bzw. Aufgaben rotieren und so ein Mitarbeiter nicht immer die gleichen Arbeiten verrichtet.

> In der Praxis ist die Anwendung einer Anwesenheitsmatrix oft problematisch, da die Betriebsräte diese nur anonymisiert zulassen oder ganz untersagen (vgl. Mann 2010, S. 182 ff.).

6.2.6 Andon

Andon ist ebenfalls eine Lean-Technik, die man im visuellen Management findet (vgl. Zollondz 2013, S. 279). Sogenannte „Andon Boards" dienen als visuelle Kontrolleinrichtungen, die über digitale Anzeigen im Produktionsbereich den aktuellen Status des Produktionssystems darstellen und die Mitarbeiter über Probleme informieren (vgl. Womack/Jones 1997, S. 388). Teilweise werden elektronische Anzeigetafeln generell als Andon Boards bezeichnet und müssen nicht zwangsläufig nur Daten der Produktion darstellen (vgl. Womack/Jones 1997, S. 69.)

Bei Anwendung des Andon-Prinzips ist es möglich, dass Mitarbeiter einen laufenden Fertigungsprozess unterbrechen, falls Mängel bzw. Probleme auftreten können oder bereits aufgetreten sind. Durch beispielsweise das Ziehen einer Reißleine wird auf einer Andon-Tafel visualisiert, dass ein Problem auftritt. Anschließend soll zunächst der Mitarbeiter selbst in einer vorgegebenen Zeit versuchen, das Problem bzw. die Ursache des Problems abzustellen. Ist er dabei nicht erfolgreich, so soll ein Vorgesetzter unterstützend mitwirken. Anschließend muss entschieden werden, ob eine kurzfristige Problemlösung nachhaltig ist oder ob die Produktion längerfristig angehalten werden muss.

Andon-Codierung

Farbe Grün	Keine Fehler aufgetreten.
Farbe Gelb	Fehler können kurzfristig behoben werden.
Farbe Rot	Fehler erfordern Bandstopp.

Bei einer Unterbrechung zur Problemlösung sollte das Problem nachhaltig gelöst werden. Eine nicht nachhaltige Problemlösung hat auf kurze Sicht nur wenige Verluste zur Folge, langfristig kann dies jedoch erhebliche Verluste bedeuten. Daher sollte direkt bei Auftritt des Problems, wenn nötig, auch eine zeitintensivere Problemlösung erfolgen. Selbst wenn sich dies zunächst zeitlich zwar negativ auf den Prozess auswirkt, so führt eine nach diesem Prinzip gehandhabte Optimierung, bei entsprechender konsequenter Umsetzung, schließlich jedoch zu einer Steigerung der Effizienz.

Auch hier wird die Problemlösung direkt am Ort der Wertschöpfung angestrebt. Wichtig ist aber, dass Personen, die bei der Problemlösung einschreiten können, verfügbar sind (vgl. Hauck 2012, S. 61). Wichtig ist des Weiteren, dass sich ein Problem nicht negativ auf den Mitarbeiter auswirkt, der es erkennt oder berichtet, und dass der Vorgesetzte den Mitarbeiter stets bei der Problembeseitigung unterstützt (vgl. Kapitel 3). Somit besteht das Ziel dieses Vorgehens darin, eine nachhaltige Verbesserung der Prozesse, der Produktqualität und der Motivation der Mitarbeiter zu erreichen.

6.2.7 5W-Fragetechnik

Taiichi Ohno wird zugeschrieben, bei jedem Problem fünfmal nach dem „Warum" gefragt zu haben, um an die wahre Ursache eines Problems zu gelangen und nicht nur über Symptome zu sprechen (vgl. Womack/Jones 1997, S. 389). Dies wird als nötig erachtet, um effektive Maßnahmen der Problemlösung zu entwickeln und anzuwenden. Die Vorgehensweise ist jedoch nicht auf fünfmaliges Nachfragen beschränkt. Es muss so lange nach dem „Warum" gefragt werden, bis die Wurzel des Problems erkannt wird. Angewendet werden kann diese sogenannte „5W-Fragetechnik" auch beispielsweise im Rahmen der A3-Methode zur Ursachensuche bzw. -analyse.

Teilweise findet sich in der Literatur zudem die 6W-Fragetechnik. Im Gegensatz zu der 5W-Technik, wo jedes Mal nach dem „Warum" gefragt wird, ist die 6W-Technik differenzierter. So wird nach dem „Wie", „Was", „Warum", „Wo", „Wann" und „Wer" gefragt. Dies soll ermöglichen, schon während der Meetings die wahren Ursachen für ein Problem zu identifizieren.

Allerdings ist dieses Schema nicht eindeutig, da teilweise auch das wiederholte Fragen nach dem „Warum" als 6W bezeichnet wird. Somit kann davon ausgegangen werden, dass es sich dabei eher um ein Symbol handelt als um ein Beharren auf fünf Nachfragen. Die Zahl „5" ist jedoch eine magische Zahl in der japanischen Mythologie, was als Grund angesehen wird, warum Ohno fünfmal nachfragte (vgl. Zollondz 2013, S. 272).

> *Beispiel 5W:*
> - Warum vergeben wir Produktionskapazitäten?
>   Wir verschwenden Zeit.
> - Warum verschwenden wir Zeit?
>   Die Durchlaufzeiten sind zu lang.
> - Warum sind die Durchlaufzeiten zu lang?
>   Der Prozess läuft nicht reibungslos.
> - Warum läuft der Prozess nicht reibungslos?
>   Die Materialzuführung dauert zu lange.
> - Warum dauert die Materialzuführung zu lange?
>   Der Produktionsmitarbeiter muss ca. zwei Meter laufen, um das Material herbeizuschaffen.

Zum einen wird deutlich, dass auch bei dieser Technik keine eindeutige Definition möglich zu sein scheint. Zum anderen jedoch bleibt festzuhalten, dass der Kern aller Ansätze darin besteht, durch wiederholtes Fragen die wahre Ursache zu ermitteln und nicht nur oberflächige Symptome zu besprechen. Dies kann, wie erwähnt, z. B. im Rahmen der A3-Methode oder des PDCA-Zyklus angewendet werden, um die wahre Problemursache zu ermitteln, um anschließend im Rahmen von SFM eine Prozessverbesserung herbeizuführen.

6.2.8 Pareto-Diagramm

Ein weiteres Hilfsmittel bei der Problemanalyse und -beseitigung kann z. B. das Pareto-Diagramm sein, mit dem die entscheidenden Ursachen für ein Problem herausgefiltert werden. Dem Pareto-Diagramm (Bild 7) liegt die Annahme zugrunde, dass 80 % des Problems auf 20 % der Ursachen zurückzuführen sind und somit die wichtigsten Ursachen identifizierbar sind.

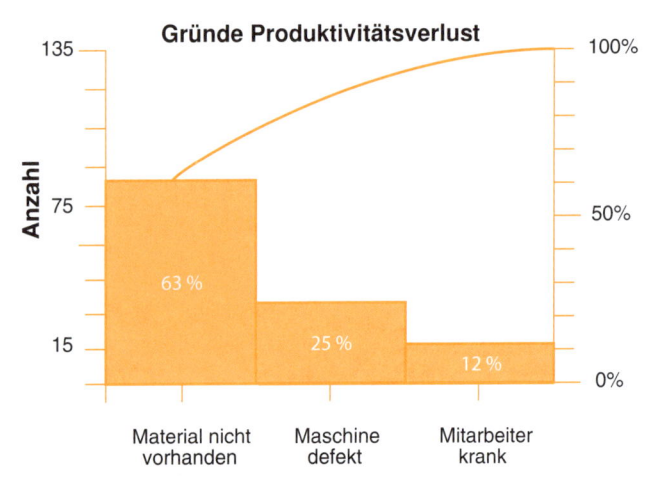

Bild 7: *Pareto-Diagramm*

6.2.9 Ishikawa-Diagramm

Der Japaner Kaoru Ishikawa gilt als eine der wichtigsten Persönlichkeiten für das Verstehen von Qualitätssicherung als ganzheitliches Konzept. Das nach ihm benannte Ishikawa-Diagramm, welches ein Ursache-Wirkungs-Diagramm ist, ist eines der bekanntesten Werkzeuge zur Problemanalyse. Weitere Namen für das Ishikawa-Diagramm sind auch „cause and effect diagram" oder „fishbone diagram" (vgl. Zollondz 2013, S. 272).

Bei diesem Werkzeug werden Probleme und ihre Ursachen systematisch analysiert und gleichzeitig visualisiert (siehe Bild 8). Auch hier soll die Visualisierung das Erkennen von Problemen erleichtern. Dazu können verschiedene Ursachenkategorien festgelegt werden, wie beispielsweise Mensch, Maschine, Material, Methode, Messung und Umfeld/Umwelt. Die jeweilige Wahl der Kategorien muss dem jeweiligen Problem angepasst werden. Es ist also grundsätzlich möglich, die Kategorien variabel zu gestalten und z. B. den Begriff „Milieu" für „Umwelt" zu nehmen.

Zur Ermittlung der wichtigsten oder richtigen Ursachen kann auch die 5W-Fragetechnik eingesetzt werden. Zunächst werden Ursachen für die Wirkung bzw. das Problem ermittelt und auf Vollständigkeit überprüft und analysiert. Anschließend werden die Ursachen, die den meisten Einfluss auf das Problem haben, ermittelt. Schließlich werden Maßnahmen zur Problembeseitigung erarbeitet und anschließend umgesetzt. Am Schluss sollten die Maßnahmen, die zur Problemlösung erarbeitet wurden, als Standard umgesetzt werden.

Die Systematik dahinter besteht darin, gezielt Ursachen für Probleme herauszufinden und anschließend Lösungen zu entwickeln. Dabei sollten persönliche Meinungen in den Hintergrund treten, gleichzeitig sollte das Werkzeug einfach anzuwenden sein. Jedoch sollte die Anwendung des Ishikawa-Diagramms in ein umfangreiches Konzept eingebettet sein. Solch umfangreiche Konzepte könnten auch die Problemlösungsprozesse im SFM sein.

106 Standardisierung und Optimierung

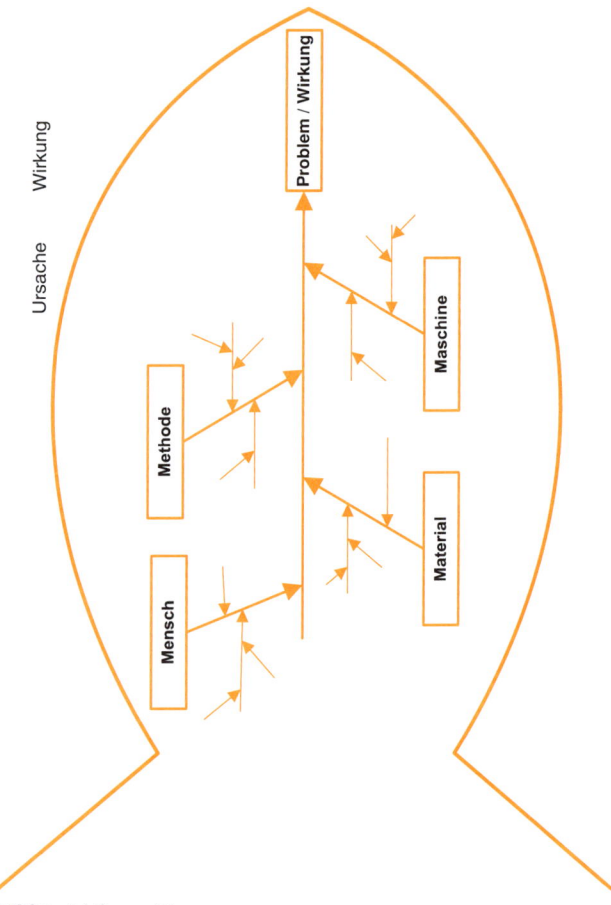

Bild 8: *Ishikawa-Diagramm*

6.2.10 A3-Methode

Ein von Toyota entwickeltes Instrument zur Aktivitätenplanung/-steuerung von Projekten und zur Kommunikation ist der A3-Report, welcher sich an einem DIN-A3-Blatt orientiert. Darauf sollen alle relevanten Daten strukturiert erfasst werden. Ursprünglich wurde das A3-Format gewählt, da es die größtmögliche Dimension darstellte, die durch ein Faxgerät übermittelt werden kann.

Der A3-Report stellt eine gute Möglichkeit dar, auf der einen Seite Probleme strukturiert zu lösen und auf der anderen Seite den Problemlösungsprozess transparent an dem SFB in Form eines A3-Blattes zu visualisieren (siehe Bild 9).

Die Grundannahmen des A3-Reports sind, dass er eine Seite umfasst, dass er übersichtlich dargestellt ist, dass er effizient gehandhabt wird und dass er alle Beteiligten einbindet sowie einen Konsens herbeiführt. Er kann dazu genutzt werden, weitere Personen, die nicht direkt am Problemlösungsprozess beteiligt waren, vergleichsweise schnell und unkompliziert zu informieren. Bedingt durch das A3-Format ist es notwendig, dass alle wichtigen Fakten so kurz wie möglich erfasst werden. Dies beugt langen und unübersichtlichen Berichten vor und zwingt die Beteiligten, sich auf die Ursachen zu beschränken und nicht die Symptome zu beschreiben.

Der A3-Report kann z. B. auch den PDCA-Zyklus und dessen einzelne Schritte begleiten, um den aktuellen Stand zu dokumentieren und die Kommunikation aller Beteiligten zu steuern. Der A3-Bericht muss sich nicht zwangsläufig auf die Problemlösung beschränken und kann ebenfalls als Vorschlagsbericht, Statusbericht oder Informations- bzw. Abschlussbericht verwendet werden. Teilweise wird zusätzlich darauf hingewiesen, dass der A3-Methodik der PDCA-Zyklus zugrunde liegt (vgl. Hauck 2012). Darüber hinaus kann der A3-Report auch als Unterstützung des Mentor-Mentee-Dialogs angewendet werden (vgl. Kapitel 3).

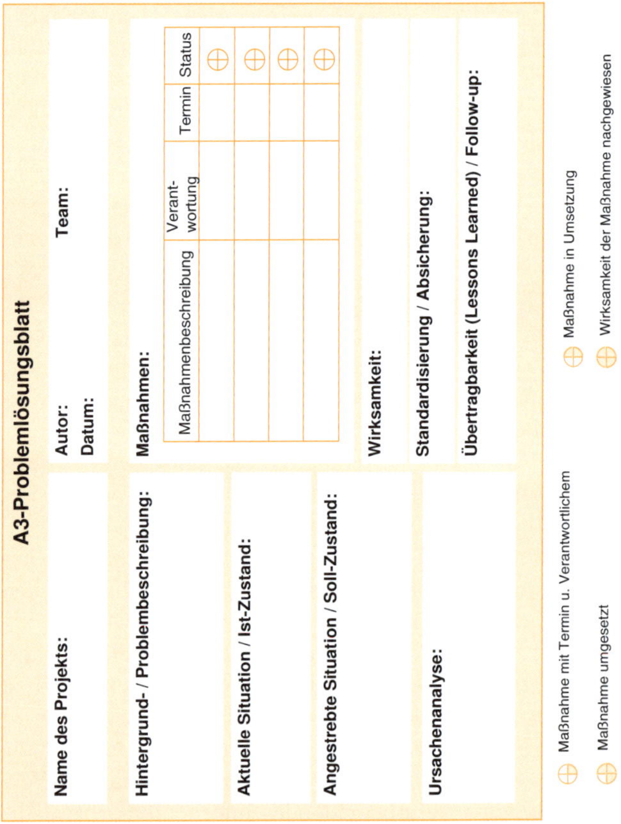

Bild 9: *A3-Report*

6.2.11 Maßnahmenplan

Um konkrete Maßnahmen einleiten zu können, sind Kennzahlen notwendig, da erst auf Grundlage von Soll- und Ist-Vergleichen mögliche Probleme zutage gebracht werden. Nach einer ausführlichen Ursachenanalyse erfolgt eine Maßnahmenplanung, die eine nachhaltige Problemlösung zum Ziel hat.

Bei der Maßnahmenfindung können verschiedene Kreativitätstechniken, wie Brainstorming, Ishikawa-Diagramm usw., als visuelle Darstellung eingesetzt werden. Dies garantiert, dass Probleme aus verschiedenen Perspektiven beleuchtet und Maßnahmen mit unterschiedlichen Ansätzen in Erwägung gezogen werden.

Zur Dokumentation kann ein einfaches Maßnahmenblatt dienen, welches unter anderem sicherstellt, dass definierte Maßnahmen fristgerecht umgesetzt werden. Das Maßnahmenblatt kann wie in Tabelle 6 aufgebaut werden.

Maßnahmenplan				Abteilung:	
Problemerkenner (Wer?)	Problembeschreibung	Ursache	Sofortmaßnahme	Verantwortlicher	Ziel Datum/ Erledigt Datum

Tabelle 6: *Maßnahmenplan*

Mittels dieses Plans kann jede einzelne Maßnahme mit Problemursache, Verantwortlichkeiten sowie Erfüllungsgrad nachverfolgt werden. Es empfiehlt es sich darüber hinaus, den Status der Maßnahme durch den Einsatz von Diagrammen oder Farben visuell darzustellen. So kann jeder Mitarbeiter sofort erkennen, wie weit eine Maßnahme fortgeschritten ist. Können nicht alle zeitgleich umgesetzt werden, ist es empfehlenswert, eine Prioritätenmatrix anzuwenden, die aufzeigt, welche Maßnahmen Vorrang haben und welche Problemlösung die angemessenste ist. Mittels dieser Methodik lassen sich Ursachen oder Maßnahmen nach frei wählbaren spezifischen Kriterien zuordnen und priorisieren.

6.2.12 T-Card-System

Das T-Card-System stellt eine Art Aufgabenplan für die Führungskräfte sowie Mitarbeiter dar. Ihre Aufgaben sollen mithilfe dieser Methode standardisiert und visualisiert werden. Der Name „T-Card" ergibt sich aus den T-förmigen Kärtchen, auf denen wiederkehrende Aufgaben beschrieben werden. Auf einer dazugehörigen Übersichtstafel können die Karten der zuständigen Person wie auch Terminen zugeordnet werden. Der Umsetzungsstand kann durch das Umdrehen einzelner Karten signalisiert als auch durch eine Unterschrift der Führungskraft als erledigt erklärt werden. Diese enge Verknüpfung sorgt für Verbindlichkeit und Transparenz.

Das Ziel dieses Systems besteht darin, Fehler zu vermeiden, indem Abweichungen schnell erkannt werden, und stellt so eine Grundlage für mögliche Verbesserungsbedarfe dar. Durch die Verwendung von verschiedenen Farben können Gruppen Aufgaben zugeordnet werden. Das Instrument der T-Cards ist sehr dynamisch. Werden beschriebene Aktivitäten konsequent in den Alltag inkludiert, können die betref-

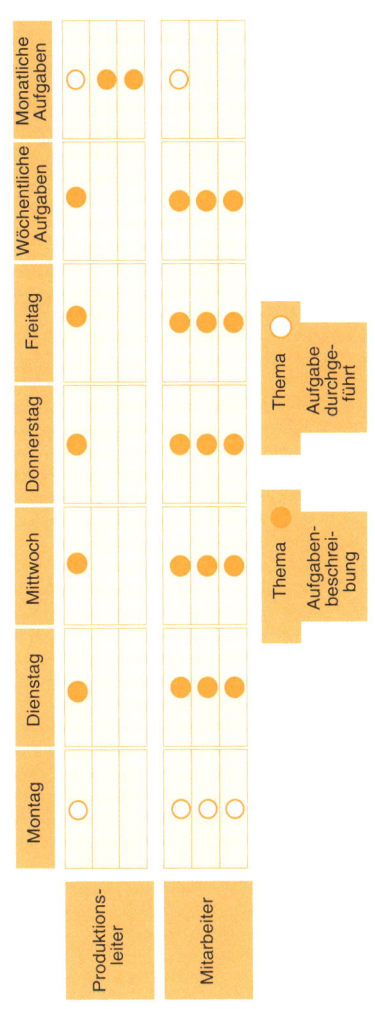

Bild 10: T-Card-System

fenden Karten aus dem System entnommen oder gegenteilig aus aktuellem Anlass wieder neu aufgenommen werden. Des Weiteren wird den Mitarbeitern vorgelebt, dass das Thema SFM im Unternehmen ernst genommen wird und konsequente Anwendung findet. Bild 10 zeigt beispielhaft ein solches T-Card-System.

6.2.13 Weitere Methoden/Werkzeuge

Daneben gibt es noch viele weitere Methoden und Werkzeuge, die beim SFM Anwendung finden können. Die Kombination auch mit den verschiedenen Managementsystemen, wie z. B. Lean Management, Six Sigma, Balanced Scorecard, können sehr gut mit dem SFM verknüpft werden. Tabelle 7 zeigt einen Überblick über verschiedene Optimierungsmethoden.

Grundsätzlich können die Anwendung der Methoden auf dem SFB visualisiert und auch der Stand der Implementierung angezeigt werden. Wird beispielsweise der Eskalationsprozess ausgehangen, kann jeder Mitarbeiter diesen nachvollziehen, was wiederum die Transparenz und in Folge das Engagement erhöht. Die verwendeten Methoden und Werkzeuge sollten dabei kurz und einfach erklärt werden.

Methoden zur Prozessoptimierung und Problemlösung

Weitere Methoden/Werkzeuge			
SMED	Pull-Prinzip	8D-Report	Ablaufdiagramm
Visuelles Management	(Prozess-, Produktions-, Qualitäts-)Audits	BigPicture des Aachener Qualitätsmanagement Modells	CtQ – Critial to Quality
Eskalationsprozess	Fehlerbaumanalyse	FMEA	Heijunka
Jidoka	Just in Time	Kanban	One-Piece-Flow
SPC	Poka Yoke	Prozesskontrolltafeln	Prozessdarstellung
VoC	Qualitäts-Regelkarte	Relationendiagramm	SIPOC
Standardarbeitsblatt	Wertstromanalyse	Wertschöpfungsanalyse	TPM

Tabelle 7: *Überblick von verschiedenen Optimierungsmethoden*

7 Vorgehen bei der Einführung von SFM im Unternehmen

Hat sich ein Unternehmen dazu entschlossen, SFM einzuführen sowie Zeit und Kapital in diesen Veränderungsprozess zu investieren, gilt es, einige Aspekte zu berücksichtigen.

7.1 Top-down entscheiden und gemeinsam starten

In der ersten Stufe werden Ist-Zustand und Zielzustand definiert (Bild 11). Um den Zielzustand definieren zu können, muss zunächst ein Überblick über den Ist-Zustand geschaffen werden. Erst dann kann ein realistisches Ziel definiert werden, welches als Vision und Motivation für den Einführungsprozess dient. Zudem kann nur mit einem fokussierten Zielzustand auch eine Messung des Fortschritts sowie der Zielerreichung erfolgen. Erst wenn auch die Unternehmensleitung hinter dem Projekt steht, kann die Einführung erfolgreich werden.

> Ein Top-down-Ansatz bei der Einführungsentscheidung ist unerlässlich!

Zudem ist es vehement wichtig, dass alle Beteiligten/Betroffenen des Projekts von Beginn an miteinbezogen werden. Darunter sind auch die Mitarbeiter selbst zu verstehen, denn diese sollen später zum Selbstmanagement befähigt werden. Es kann großes Potenzial verloren gehen, wenn eine Miteinbeziehung zu spät erfolgt, da sich dadurch Blockaden aufbauen.

> Immer an eines der wichtigsten Ziele des Shopfloor Managements denken: Zufriedene Mitarbeiter, welche sich proaktiv ins Unternehmen einbringen können und wollen!

Zur Unterstützung sollte die Einführung von SFM von einem erfahrenen Coach begleitet werden, welcher einen neutralen Blick mitbringt. Bild 11 zeigt eine Übersicht des Einführungsprozesses des SFM.

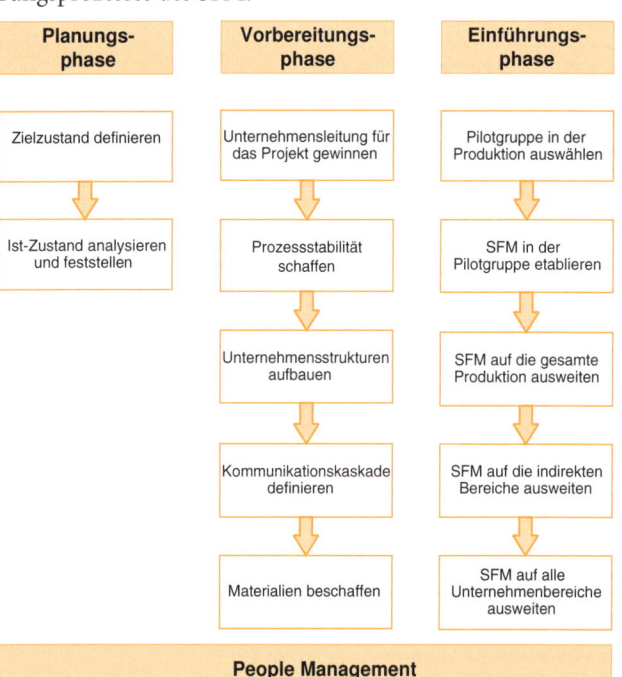

Planungsphase	Vorbereitungsphase	Einführungsphase
Zielzustand definieren	Unternehmensleitung für das Projekt gewinnen	Pilotgruppe in der Produktion auswählen
Ist-Zustand analysieren und feststellen	Prozessstabilität schaffen	SFM in der Pilotgruppe etablieren
	Unternehmensstrukturen aufbauen	SFM auf die gesamte Produktion ausweiten
	Kommunikationskaskade definieren	SFM auf die indirekten Bereiche ausweiten
	Materialien beschaffen	SFM auf alle Unternehmenbereiche ausweiten
People Management		

Bild 11: *Einführung von SFM*

7.2 Voraussetzungen schaffen

Auf der zweiten Iterationsstufe müssen Voraussetzungen geschaffen werden, damit eine Einführung überhaupt erfolgreich verlaufen kann. Das wichtigste Kriterium ist hier, dass die Unternehmensleitung hinter dem Projekt steht.

Außerdem wichtig ist die hohe Relevanz technischer Prozessstabilität, d.h., die Werker müssen in der Lage sein, Arbeitsabläufe sicher abzuarbeiten. Demnach sollte die Variabilität innerhalb der einzelnen Produktionsprozesse möglichst gering gehalten werden und sollten die Abläufe mit klaren Erwartungen verbunden sein.

Außerdem beinhaltet diese Stufe die genaue Planung der Umsetzung, welche die Definition der Strukturen und Verantwortungen für den fokussierten Zielzustand mit einschließt.

In diesem Kontext sollte berücksichtigt werden, dass die Unternehmensstrukturen so aufgebaut sind, dass die einzelnen Teams wie kleine unabhängige Unternehmen agieren können. Für diesen Aspekt ist es von großer Bedeutung, dass bei nicht sofort lösbaren Problemen Unterstützung von höheren Bereichen zu erwarten ist. Damit dieser Prozess reibungslos ablaufen und ein effizienter Informationsfluss sichergestellt werden kann, gilt es, die Kommunikationskaskade (siehe Bild 12) genau zu definieren.

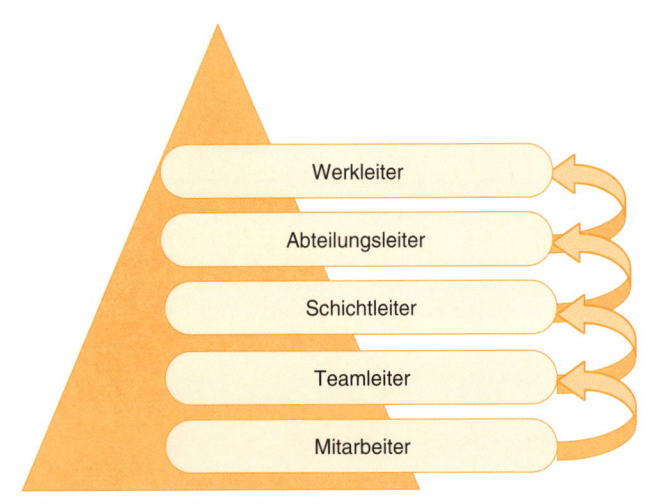

Bild 12: *Kommunikationskaskade*

Gemäß diesem Prinzip erarbeiten die Mitarbeiter auf dem Shopfloor eigenständig Problemlösungen und stellen den Status ihrer Maßnahmen innerhalb von Shopfloor Meetings vor. Da diese auf allen Hierarchieebenen stattfinden, entsteht eine sogenannte Kaskade. Demnach werden Probleme, sofern sie auf der jeweiligen Hierarchieebene nicht selbst behoben werden können, zur nächsthöheren eskaliert. Dieses Prinzip gewährleistet nicht nur einen effizienten Informationsfluss, sondern auch eine Unterstützung der Mitarbeiter bei der Lösungsfindung.

Eine weitere wichtige Voraussetzung ist, dass die Mitarbeiter zum Selbstmanagement befähigt werden (siehe auch Kapitel 3) und ausgewählte Personen, z. B. die zukünftigen Coaches, geschult werden und somit mit den Methoden des SFM vertraut gemacht werden.

Da eine konsequente, unterstützende Mitarbeiterführung einen großen Einfluss auf den Erfolg des Projekts hat, ist es zudem wichtig, dass für die Funktion des Coaches rechtzeitig die geeigneten Mitarbeiter ausgewählt werden.

> Für den konkreten Umsetzungsprozess ist es ratsam, sukzessiv vorzugehen und diesen Projektschritt nochmals in überschaubare Abschnitte zu untergliedern. Zudem ist es wichtig, jeden implementierten Schritt zu festigen und als Standard festzulegen.

7.3 Einführung beginnen

Als dritter Schritt folgt die Einführungsphase (Bild 11). Zu Beginn der Einführungsphase sollte eine geeignete Pilotgruppe in der Produktion ausgewählt werden. Für diese Pilotgruppe empfiehlt es sich, Mitarbeiter zu wählen, welche dem Projekt möglichst positiv gegenüberstehen. So kann bereits im Vorfeld skeptischeren Mitarbeitern der positive Einfluss von SFM vermittelt werden.

Zudem können geeignete Werkzeuge/Methoden Workshop-artig und vor allem praxisorientiert erarbeitet werden. Dies umfasst die Entwicklung einer Shopfloor-Tafel mit ihren einzelnen Elementen und Visualisierungen, einen strukturierten Tagesablauf unter Berücksichtigung des Gemba Walks/der Shopfloor Meetings sowie einen standardisierten Problemlösungsprozess.

Dabei ist darauf zu achten, dass die einzelnen Elemente des SFM individuell auf den fokussierten Bereich und unternehmensabhängig abgestimmt werden. Dies trifft vor allem auf die visualisierten Kennzahlen an dem Shopfloor Board zu.

> Die Kommunikation irrelevanter Kennzahlen führt zu einer Informationsüberflutung der Mitarbeiter, und der Fokus auf das Wesentliche geht verloren.

Zu den bereichsübergreifenden Kennzahlen mit vielfältiger Anwendung zählen die Visualisierung des Tagessolls, Krankenstand, die Schichtplanung oder auch Q-Kennzahlen. Hinsichtlich der angewendeten Methoden werden folgende als besonders wichtig eingestuft: definierter Problemlösungsprozess über den A3-Report, das Ishikawa-Diagramm sowie das betriebliches Vorschlagswesen. Dennoch muss jede Methode und Kennzahl hinsichtlich ihrer Eignung und Notwendigkeit für den Bereich hinterfragt werden.

Für einen geregelten Tagesablauf ist insbesondere die Festlegung der Shopfloor Meetings von großer Bedeutung. Um alle Hierarchieebenen in diesen Ablauf einzubinden, ist das T-Card-Board ein sehr hilfreiches Werkzeug. Auf einer dazugehörigen Übersichtstafel können die Karten der zuständigen Person wie auch Terminen zugeordnet werden. So wird Verbindlichkeit und Transparenz geschaffen.

Sobald SFM in der Pilotgruppe erfolgreich etabliert ist, erfolgt die Ausweitung auf die gesamte Produktion. Wichtig dabei ist es, dass in jedem Team/jeder Abteilung ein Verantwortlicher benannt wird, welcher bereits geschult wurde und mit den einzelnen Elementen des SFM vertraut ist. Zudem sollte ein Coach, als Verantwortlicher für die gesamte Produktion, die Fortschritte der einzelnen Bereiche kontrollieren und vorantreiben.

7.4 Auf indirekte Bereiche ausdehnen

Als weitere Entwicklungsstufe im Umsetzungsprozess wird das SFM auch auf die indirekten Bereiche ausgedehnt, welche jedoch einen direkten Einfluss auf die Produktion haben. Beispielhaft sind dies Logistik, Qualitätsmanagement und Produktionsplanung.

Nach diesen Einführungsschritten sollte nochmals eine Gesamtbetrachtung vorgenommen werden und für Prozesse und bereichsübergreifende Elemente ein Standard definiert werden. So wird weiter die Transparenz gesteigert, und bei Rotationen der Mitarbeiter können Arbeitsabläufe und Informationen schneller adaptiert werden.

Wenn die komplette Produktion nach ca. sechs bis zwölf Monaten nun effektiv ohne Probleme SFM einsetzt, kann dieser Ansatz auch auf die administrativen Unternehmensbereiche übertragen werden. Oft ist es dabei nötig, die produktionsspezifischen Elemente so anzupassen, dass sie für die Administration sinnvoll anwendbar sind. Auch dieser Prozess sollte sukzessiv erfolgen. Dabei ist diese Anpassung allerdings oft weniger umfangreich als zunächst vermutet. Oftmals müssen nur Kleinigkeiten abgeändert werden wie das erwähnte Beispiel Takt statt Termintreue.

> Die größere Herausforderung im administrativen Bereich liegt in der Umsetzung und Einhaltung des SFM-Prozesses, da Abweichungen vom Standard hier nicht so visuell sind wie in der Produktion.

Um dennoch ein Einhalten und Verbessern der festgelegten SFM-Standards zu garantieren, können diese beispielsweise mit regelmäßigen Audits überprüft und gegebenenfalls angepasst werden. Damit das SFM bis ins oberste Management über einen Bottom-up-Ansatz gelebt wird, ist ca. nach 18 Monaten zu rechnen.

7.5 Prozess abschließen

Zum Abschluss des Prozesses ist es wichtig, dass SFM mit seinen einzelnen Elementen als Standard etabliert wird. Denn nur mit Standards kann ein optimales Arbeitsergebnis auf gleichbleibendem Niveau mit einem konstanten Ressourceneinsatz auf Dauer erbracht werden. Zudem werden Abweichungen erst durch eine standardisierte Arbeitsweise sichtbar. Ein implementierter Standard wird erst durch eine bessere Lösung, die zum neuen Standard wird, abgelöst.

> **Die Zukunft im Blick haben**
> Hören Sie nie auf, Ihr SFM weiter zu optimieren! Was heute gut ist, ist für morgen nicht mehr notwendigerweise ausreichend. Und besser machen kann man immer!

Literatur

Arora, D.; Krause, H.-U. (2008): *Controlling-Kennzahlen. Key Performance Indicators.* München: Oldenbourg Wissenschaftsverlag

Conti, T. (1993): *Building Total Quality*, London

Dickmann, P. (2009): *Schlanker Materialfluss – mit Lean Production, Kanban und Innovationen*, 2., aktualisierte und erweiterte Auflage, Berlin/Heidelberg: Springer-Verlag

Gaitzsch, T., & Ziegler. (2010). *Shop Floor Empowerment – KVP-Implementierung in Schichtteams, in:* Moscho, A. (Hrsg.): Inhouse-Consulting in Deutschland. Markt, Strukturen, Strategien, Gabler. Wiesbaden

Gorecki, P.; Pautsch, P. (2014): *Praxisbuch Lean Management. Der Weg zur operativen Excellence.* 2. Aufl., München: Carl Hanser Verlag

Hauck, O. (2012): „Ein langer Weg, der nie zu Ende geht – oder ‚Wie ich lernte, Probleme zu lösen'". In: Freimuth et al.: *Die Gestaltung des Wandels zur operativen Excellence.* Freiburg im Breisgau, München (i. e.) Planegg: Haufe Mediengruppe

Hochschule Koblenz – Pötters, P.; Leyendecker, B. (2016): *Studie zum Verbreitungsgrad von Optimierungsmethoden auf dem Shopfloor,* Koblenz

Hurtz, A.; Stolz, M. (2013): *Shop-Floor-Management. Wirksam führen vor Ort.* Göttingen: BusinessVillage

Kletti, J., und Schuhmacher, J. *Die perfekte Produktion: Manufacturing Excellence durch Short Intervall Technology (SIT).* 2. Aufl. Berlin: Springer-Verlag, 2014

Liker, J. (2013): *Der Toyota Weg. 14 Managementprinzipien des weltweit erfolgreichsten Automobilkonzerns.* München: FinanzBuch Verlag

Mann, D. (2010): *Creating a Lean Culture. Tools to Sustain Lean Conversions.* New York: Productivity Press

Molenaar, H. (2012): „Unternehmenskultur und Operational Excellence – Ein persönlicher Erfahrungsbericht". In: Freimuth et al.: *Die Gestaltung des Wandels zur operativen Excellence.* Freiburg im Breisgau, München (i. e.) Planegg: Haufe Mediengruppe

Pepels, W. (2008): *Expert-Praxislexikon betriebswirtschaftliche Kennzahlen. Instrumente zur unternehmerischen Leistungsmessung.* 2. Aufl., Renningen: Expert Verlag

Peters, R. (2009): *Shopfloor Management. Führen am Ort der Wertschöpfung.* Ludwigsburg: LOG_X Verlag

Rother, M. (2009): *Die Kata des Weltmarktführers. Toyotas Erfolgsmethoden.* Frankfurt am Main, New York: Campus Verlag

Rother, M. (2013): *Die Kata des Weltmarktführers. Toyotas Erfolgsmethoden.* 2. Aufl., Frankfurt am Main: Campus Verlag

Suzaki, K. (1993): *The New Shop Floor Management. Empowering People for Continuous Improvement.* New York: The Free Press

Suzaki, K. (1994): *Die ungenutzten Potentiale. Neues Management im Produktionsbetrieb.* München: Carl Hanser Verlag

Takeda, H. (2004): *Das synchrone Produktionssystem: Just in Time für das ganze Unternehmen.* 4 Aufl., Verlag Redline

Weber, J.; Schäffer, U. (2000): *Balanced Scorecard & Controlling: Implementierung – Nutzen für Manager und Controller – Erfahrungen in deutschen Unternehmen.* 3. Aufl., Wiesbaden: Gabler Verlag

Womack, J.; Jones, D. (1997): *Auf dem Weg zum perfekten Unternehmen (Lean Thinking).* Frankfurt am Main, New York: Campus Verlag

Zeng, J. P.; Chi Anh, P.; Matsui, Y. (2013): „Shop-floor communication and process management for quality performance: An empirical analysis of quality management". In: *Management Research Review*

Zollondz, H.-D. (2013): *Grundlagen Lean Management. Einführung in Geschichte, Begriffe, Systeme, Techniken sowie Gestaltungs- und Implementierungsansätze eines modernen Managementparadigmas.* München: Oldenbourg Verlag

Vielen Dank!

An dieser Stelle möchten wir uns recht herzlich für die redaktionelle Unterstützung und das Lektorat bei Frau Hoffmann-Bäuml bedanken. Des Weiteren danken wir Frau Bräutigam, Frau Jansohn sowie Frau Schmidt für alle administrativen Tätigkeiten zu diesem Werk.

HANSER

Rüstzeug eines jeden Qualitäts- und Prozessmanagers

Kamiske (Hrsg.)
Handbuch QM-Methoden
Die richtige Methode auswählen und erfolgreich umsetzen
3., aktualisierte und erweiterte Auflage. 984 Seiten. Gebunden
€ 179,99. ISBN 978-3-446-44388-4

Auch als E-Book erhältlich
€ 119,99
E-Book-ISBN 978-3-446-44441-6

Das Handbuch QM-Methoden stellt die relevanten Methoden und Werkzeuge des Qualitätsmanagements wie Total Quality Management (TQM), Lean Management, Six Sigma, Kontinuierlicher Verbesserungsprozess (KVP), 5S, 8D, M7 oder Q7 kompakt und praxisbezogen vor. Sie können für jedes Problem die richtige Lösung finden und erhalten einen konkreten Leitfaden zur Hand, wie Sie Ihre Probleme lösen und die jeweilige Methode effektiv umsetzen.

Mehr Informationen finden Sie unter **www.hanser-fachbuch.de**

HANSER

Konstruktiv streiten

Becker
Unternehmen brauchen Streitkultur
Konstruktiv streiten und sich erfolgreich einigen
152 Seiten
€ 34,–. ISBN 978-3-446-45345-6

Auch als E-Book erhältlich
€ 26,99. ISBN 978-3-446-45380-7

Dieses Werk zeigt, wie Menschen dazu gebracht werden, an einem Strang zu ziehen, wie Kräfte gebündelt werden und Teams eine gemeinsame Ausrichtung finden!

Nur wenn sich Menschen einigen, dann können sie auch etwas zustande bringen! In jedem Unternehmen treffen unterschiedlichste Meinungen und Interessen aufeinander, was zu Konflikten und widersprüchlichen Zielen führt.

Lernen Sie, diese Vielfalt erfolgreich zu nutzen: mit diesem Kursbuch für den Weg zum »gemeinsamen Handeln«.

Mehr Informationen finden Sie unter **www.hanser-fachbuch.de**

HANSER

Veränderungen erfolgreich meistern

Kostka
Change Management
Wandel gestalten und durch
Veränderungen führen
128 Seiten
€ 12,–. ISBN 978-3-446-45204-6

Auch als E-Book erhältlich
€ 9,49. ISBN 978-3-446-45279-4

Veränderungen erfolgreich meistern und langfristig Unternehmenserfolg sichern!

Dieses Werk vermittelt die geballte Essenz an fundiertem Wissen und praxiserprobtem Handwerkszeug für den Veränderungsprozess. Schritt für Schritt erfahren Sie, wie Sie Ihr Veränderungsvorhaben gestalten können und was Sie dabei beachten sollten!

Mehr Informationen finden Sie unter **www.hanser-fachbuch.de**